최선을 다해 믿음의 길을
함께 걸어 온 동역자들에게

묵상에세이

마음이
흔들릴
때

마음이 흔들릴 때

묵상에세이

강명옥 지음

국제제자훈련원

들어가며: 흔들리는 마음으로 이 책 앞에 선 당신에게 10

《마음이 흔들릴 때 묵상에세이》를 읽는 방법 14

1주차 나는 누구인가Identity

Day 01 마음이 흔들릴 때 22

Day 02 잊혀지지 않는 존재 26

Day 03 존귀함은 어디에서 오는가 30

Day 04 무엇으로 나의 가치를 규정하는가 34

Day 05 쉼표가 있는 삶을 위해 38

Day 06 마음을 움직이는 거짓 신념 42

Day 07 멈출 때 드러나는 중심 46

1주차 여정을 마치며: 중심이 바뀌기 시작했다는 신호들 50

2주차 왜 여기까지 왔는가 Motivation

Day 08 무엇에 이끌려 여기까지 왔는가   54

Day 09 기쁨의 주인이 바뀔 때   58

Day 10 비교의 자리에서 내려오다   62

Day 11 나를 지키는 확실한 근거   66

Day 12 불안이 멈추지 않는 이유   70

Day 13 불안을 키우는 오래된 믿음들   74

Day 14 두려움이 아니라 사랑과 능력으로   78

2주차 여정을 마치며: 바뀌기 시작한 삶의 동기   82

3주차   상처를 다시 해석하다 Wound

Day 15 나의 상처 곁에 계신 하나님   86

Day 16 아프지 않기 위해 만들어진 방어기제   90

Day 17 상처가 관계를 설계할 때   94

Day 18 관계 속에서 잃어버린 나 자신   98

Day 19 부서짐이 아니라 다시 빚어짐으로   102

Day 20 상처를 덮어 온 침묵   106

Day 21 상처를 품고 살아갈 수 있을까   110

3주차 여정을 마치며: 상처를 통과해 여기까지 왔다는 사실   114

4주차 비전, 미래는 응답하는 것이다 Vision

Day 22 상처 이후, 나아가야 할 방향   118

Day 23 다시 들려온 부르심   122

Day 24 나를 움직이게 하는 힘   126

Day 25 한 걸음이 만들어 낸 인생길   130

Day 26 지치지 않고 살아가는 방법   134

Day 27 내가 걸어온 길을 받아들이다   138

Day 28 이제 나는 어떻게 살 것인가   142

4주차 여정을 마치며: 다시 중심에 서서, 삶으로 돌아가다   146

나가며: 28일 이후를 위한 '계속 걷는 삶'의 규칙들   149

에필로그: 다시 중심에 서서, 계속 걸어가는 삶을 위하여   152

흔들리는 마음으로
이 책 앞에 선 당신에게

"내 영혼아 네가 어찌하여 낙심하며 어찌하여 내 속에서 불안해하는가

너는 하나님께 소망을 두라"_시편 42:5

아무 일도 없는 날임에도 마음이 이상하게 흔들릴 때가 있습니다. 그럴 때는 원인 모를 불안이 아침 안개처럼 몰려와 안절부절못하지요. 이런 마음을 알아차리려면 내면을 탐색하는 일이 필요합니다.

내 마음에서 일렁이는 감정을 고해상도로 인식할 수 있다면 얼마나 좋을까요? 불안과 안전 사이의 미묘한 변화를 눈치챌 능력이 생길 수만 있다면 뭐든지 해보고 싶은 마음일 것입니다.

2025년 하반기에 어떤 내담자와 상담을 하면서 마음챙김(mindfulness, 개인의 내적 환경이나 외부세계의 자극과 정보를 알아차리는 의식적 과정)에 대한 성경적 근거를 들여다보게 되었습니다. 그 내담자는 외국에서 박사학위를 받고 박사후연구과정(포스트 닥터)에 있으면서 경력을 쌓아 가는

30대 젊은이였습니다. 그는 온라인 줌 미팅에서 첫마디를 이렇게 건넸습니다.

"제가 왜 이렇게 지쳐 있는지 모르겠어요."

듣는 순간, 이것은 나의 문제이기도 하고 이 땅에 발을 딛고 살아가는 우리의 외침이란 생각이 들었습니다. 마음의 소리를 듣지 못하고 계속해서 달려오다가 어느 날 불쑥 나와 대면하는 것처럼 말입니다.

첫 상담을 마치고 나서, 그를 위한 상담 전략을 세워 달라고 주님께 기도했습니다. 그때 하나님께서 '마음이 흔들릴 때' 내면 탐색을 위한 전략 네 가지, 즉 '정체성 – 동기 – 상처 – 비전'이라는 키워드를 떠올려 주셨습니다.

사람은 내가 누구인지를 잃어버릴 때 흔들립니다. 그러면서 정체성에 혼란을 겪습니다. 그 혼란 속에는 성공을 위해 자신을 몰아붙였던 동기가 숨겨져 있습니다. 그 과정에서 많은 상처를 입고, 조금씩 자신을 침식시켜 갑니다. 하나님의 말씀 안에서 상처를 재해석하면 그동안 목표를 향해 달려오던 삶에서 비전이 보이기 시작합니다.

문득 이 메시지를 매일 새벽 묵상 말씀으로 4주 동안 그에게 보내야겠다는 생각에 글을 쓰기 시작했습니다. 그리고 그 내용이 이렇게 책으로 묶여 당신에게까지 전달되고 있습니다. 이는 하나님께서 우리 모두에게 내면 탐색이 필요하다고 여기신 까닭이란 생각이 듭니다.

당신은 지금 어느 자리에 서 있나요? 삶이 무너졌다고 말할 수는 없지만 그렇다고 괜찮다고도 말할 수 없는 어딘가에 서 있을지도 모르겠습니다. 겉으로 보기에 당신은 잘 살아왔습니다. 책임을 다했고, 쉽게 포기하지 않았고, 어느 정도의 신앙과 사회적 성취를 이루었습니다. 그래서 '힘들다'는 말을 더 하지 못했을지도 모릅니다. 그러나 마음은 알고 있었겠지요. 아무도 보지 않는 시간이면 이유 없이 숨이 가빠지고, 쉬어도 회복되지 않는 피로감을 느꼈을 것입니다. 그러다 문득 이런 질문 하나가 떠 올랐겠지요.

'나는 지금 어디에서 무엇을 붙들고 살고 있지?'

이 질문이 마음속에서 오래 머물렀다면, 당신은 이 책을 만나기 전부터 이미 내면 탐색을 시작한 사람입니다.

사람들은 흔들림을 실패라고 부릅니다. 믿음이 약해졌다고, 마음이 무너졌다고, 조금만 더 강해지면 괜찮아진다고 말합니다. 그래서 우리는 흔들릴수록 더 단단한 얼굴을 하고 살아왔습니다.

하지만 저는 오랫동안 상담을 해오면서, 또 목회의 자리에서 사람들의 눈빛을 보면서 분명히 알게 된 한 가지가 있습니다. 사람을 무너뜨리는 것은 흔들림이 아니라, 흔들린다는 사실을 아무에게도 말하지 못한 채 혼자 버텨 온 시간임을요.

이 책은 당신에게 왜 그렇게 약해졌는지 묻지 않습니다. 다만 이렇게 묻습니다.

"당신은 얼마나 오래, 혼자서 자신을 붙들고 살아왔나요?"

하나님을 믿으면서도 실은 혼자 책임지고, 혼자 결정하고, 혼자 견뎌 오진 않았나요?

흔들림은 무너짐이 아니라, 이제는 혼자가 아니어도 된다는 마음이 보내는 신호입니다. 바뀌지 않아도, 더 나은 사람이 되지 않아도 됩니다. 잠시 쉬어도, 모든 날을 잘 걸어가지 못해도 괜찮습니다. 이 책을 읽고 아무 문장도 마음에 남지 않아도 좋습니다. 그저 함께 머무십시오.

이 책을 덮은 후에도 당신은 다시 흔들릴 것입니다. 흔들림이 영원히 사라지지 않을지도 모릅니다. 그러나 이 한 가지만은 기억하십시오. 흔들리는 순간에도 사랑받고 있으며, 중심으로 돌아오는 길은 한 번도 닫힌 적이 없었다는 사실을요.

제가 그 길을 대신 걸어 줄 수는 없습니다. 그저 길가에 작은 등불 하나 놓아 두려 합니다. 어둠이 깊어질 때 다시 시작할 수 있도록요.

서두르지 말고 이 책을 천천히 펼쳐 주세요. 당신의 속도로, 당신의 질문을 안고, 당신의 흔들림을 숨기지 않은 채로 마주하십시오. 이 여정에서는 어떤 것도 증명할 필요가 없습니다. 그저 당신의 자리를 되찾기를 바랄 뿐입니다. 그 길에는 언제나 먼저 이끄시는 하나님이 계십니다.

《마음이 흔들릴 때 묵상 에세이》를
읽는 방법

이 책을 읽으며 하나님의 말씀으로 먼저 위로를 받고 진리의 터 위에 다시 서기를 원합니다. 이 책은 한 번에 읽고 덮기보다는 멈추어 천천히 읽고, 묵상하면 흔들리는 마음을 세우는 데 도움이 됩니다. 그렇게 도움을 받았다면, 그 후에 중심을 다시 바라보는 연습을 하십시오. 읽는 방식보다 머무는 방식이 더 중요합니다.

마음이 흔들릴 때마다 다시 중심을 확인하고 하나님 앞에서 자신을 다시 정렬하기를 바랍니다. '많이 읽기'보다 '천천히 살아내기'를 목표로 하십시오.

하루에 한 장씩 읽도록 구성되어 있지만 하루를 넘겨도 괜찮습니다. 마음을 붙드는 문장 앞에서 멈추는 것이야말로 이 책을 가장 잘 읽는 방법입니다. 그렇게 읽다 보면 하나님의 말씀으로 위로받고, 자신의 위치를 재확인하는 28일이 될 것입니다.

하루치 묵상은 네 개의 흐름으로 이루어져 있습니다. 진정한 쉼을 얻고 영과 육이 함께 회복되기를 바라는 마음에서 'REST(**R**oot Scripture · **E**ncounter Insight · **S**oul Questions · **T**rust Prayer)의 흐름을 따라 구성했습니다.

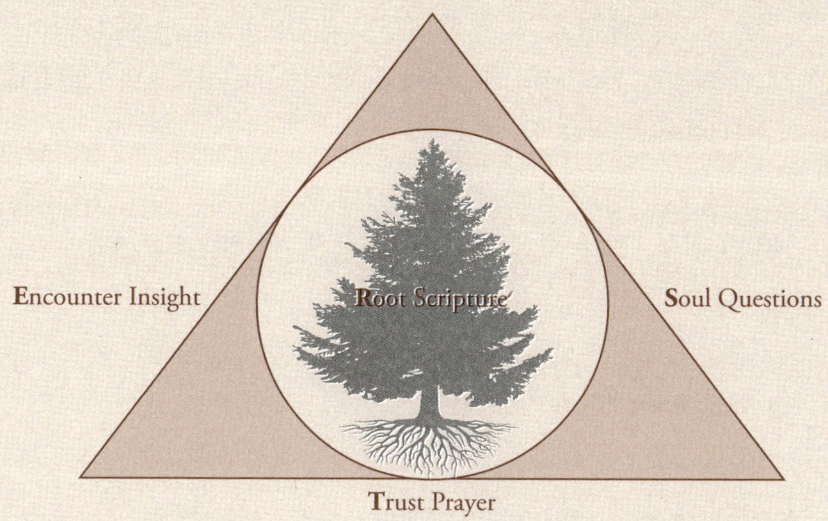

"수고하고 무거운 짐 진 자들아 다 내게로 오라 내가 너희를 쉬게 하리라"_마태복음 11:28

- **R**oot Scripture에서는 서두르지 말고 천천히, 가능하다면 소리 내어 말씀을 읽어 보기 바랍니다. '해석하려 애쓰기'보다 말씀이 '지금의 나를 어떻게 바라보는지'를 느끼는 것이 먼저입니다.

- **E**ncounter Insight의 내용을 자신의 삶과 자연스럽게 겹쳐 읽으면 됩니다. 공감되는 문장 앞에서는 잠시 멈추어도 좋습니다. 눈에 들어오는 한 문장이 하루를 살아가도록 이끌어 줄 것입니다.

- **S**oul Questions에서 다루는 모든 질문에 답하지 않아도 됩니다. 지금 마음에 가장 걸리는 질문 하나만 붙잡아도 충분합니다. 잘 쓰기보다 정직하게 쓰는 것이 중요합니다.

• **Trust Prayer**에 다다랐을 때 자신의 기도를 드리십시오. 아직 기도가 되지 않는다면 기도문을 그대로 읽어도 좋습니다. 하나님은 준비된 언어가 아니더라도 진실한 마음을 잘 아십니다.

REST 묵상 기법을 담은 이 책은 다음의 세 가지 방법으로 활용할 수 있습니다.

1. 개인 묵상에서 사용하는 방법

개인 묵상용으로 이 책을 사용할 때 가장 중요한 원칙은 속도를 늦추는 것입니다. 하루 분량은 많지 않지만 마음을 깊이 다루기 때문에 꼭 하루에 다 읽지 않아도 됩니다. 가급적 매일 이어서 묵상하면 좋습니다. 한 문장이 마음에 오래 머문다면 그 문장 앞에 하루 동안 머무르셔도 충분합니다.

먼저 성경 본문Root Scripture을 천천히 읽으십시오. 가능하다면 소리 내어 읽고, 마음에 남는 단어에 밑줄을 긋습니다.

이어지는 묵상Encounter Insight 내용은 성경 구절에 대한 설명이 아니라 하나님의 시선으로 나 자신을 다시 바라보도록 돕는 통찰입니다. 억지로 공감하려 애쓰기보다 마음이 반응하는 지점을 조용히 살펴보시기 바랍니다.

질문Soul Questions은 답을 찾으려는 데 목적이 있지 않고 마음이 반응하는 지점을 발견하기 위한 시도입니다. 생각이 멈추는 질문, 마음이 불편해지는 질문 또는 위로가 되는 질문 앞에서 잠시 멈추는 연습을 해보십시오.

고백 기도Trust Prayer는 길지 않아도 괜찮습니다. 한 문장이라도 진심으로 하나님께 올려 드리면 됩니다.

반드시 매일 같은 시간에 묵상해야 한다는 강박을 내려놓고 유동성 있게 하시면 됩니다. 글쓰기가 부담스럽다면 밑줄만 그어도 괜찮습니다. 아침이 힘들다면 저녁에라도 매일 한 번, 멈추어 하나님 앞에 서는 시간을 마련하는 것이 중요합니다. 출근길이나 퇴근길에 큐알로 되어있는 그날의 모닝만나를 유튜브에서 들으며 하루의 마음을 다스려 보는 것도 좋습니다.

개인 묵상용으로 이 책을 사용하는 분들께 드리고 싶은 권면은 하나입니다. 자신을 고치려 하지 마십시오. 그저 하나님 앞에 있는 그대로 나오십시오. 중심이 회복되면, 변화는 자연스럽게 따라옵니다.

2. 상담과 치유의 여정에서 사용하는 방법

이 책은 성경적 상담의 흐름을 따라 구성했습니다. '정체성 – 동기 – 상처 – 비전'은 실제 성경적 상담 현장에서 자주 밟아가는 치유의 여정이기도 합니다. 내담자 개인에게는 하루 묵상으로, 상담 세션에서는 매주 한 장씩 함께 읽으며 묵상 자료로 활용할 수 있습니다. 특히 'Soul Questions'는 상담을 시작할 때 사용하기 적합합니다. 내담자의 반응이 멈추는 지점, 감정이 깊어지는 문장 하나를 중심으로 대화를 이어 가시기 바랍니다. 내담자가 저항하거나 말이 짧아지는 그 지점은 오히려 중요한 신호일 수 있습니다.

이 책의 질문들은 내담자를 압박하는 용도가 아니라 자기 방어를 낮추도록 돕는 매개입니다. 질문에 대한 정답을 찾기보다 질문이 드러내는 중심을 함께 살펴보십시오. 상담자는 내담자가 자신의 언어로 감정을 표현할 수 있도록 시간을 충분히 확보하는 일이 중요합니다.

설명보다 경청으로, 해석보다 공감으로 이 여정을 함께해 주십시오. 해석자가 되기보다 동행자가 되어 주십시오. 내담자가 묵상하며 자신의 언어로 삶을 다시 말할 수 있도록 공간을 내어 주고, 필요하면 하루의 묵상을 한 주 동안 반복해서 다루어도 좋습니다. 회복에는 속도보다 안전한 관계가 더 중요하기 때문입니다.

3. 소그룹과 공동체에서 사용하는 방법

소그룹에서는 주 1회, 4주 과정으로 함께 나누며 사용할 수 있습니다. 각 주차는 다음과 같은 흐름을 따릅니다.

- 1주차: 나는 누구인가(정체성)
- 2주차: 왜 여기까지 왔는가(동기)
- 3주차: 상처를 어떻게 품을 것인가(상처)
- 4주차: 어디를 향해 살아갈 것인가(비전)

이 과정은 모임의 성격에 따라 유연하게 조정할 수 있습니다. 나눔은 고백이 필수가 아니라 선택입니다. 말하지 않아도 괜찮습니다. 나눔에서는 판단하지 않고 고치려 하지 않는 태도가 무엇보다 중요합니다.

리더는 답을 제시하기보다 각자의 이야기가 존중받는 자리를 지키는 역할을 맡습니다. 모든 질문을 다 나누려 하지 말고 각자 마음에 남은 질문 하나를 선택해 나누도록 안내하면 좋습니다. 나눔 중에 침묵이 흘러도 괜찮습니다. 침묵은 준비되지 않았다는 표시가 아니라 마음이 움직인다는 신호일 수 있습니다.

소그룹에서는 고백 기도를 함께 소리 내어 읽으며 모임을 마무리해도 좋습니다. 서로를 위해 기도하려 애쓰기보다 하나님 앞에 각자의 중심을 다시 세우는 시간으로 마무리합니다. 짧은 기도이지만 마음을 다해 고백하시는 것이 중요합니다.

이 책을 읽으며 기억해야 할 한 가지

이 책은 당신을 더 강하게 만들기 위해 쓰이지 않았습니다. 더 버티기 위해서도, 더 잘하기 위해서도 아닙니다. 흔들릴 때마다 다시 중심으로 돌아오고, 넘어질 때마다 다시 하나님께 기대기를 바라는 마음으로 썼습니다. 당신은 이미 하나님의 손에 붙들려 있는 존귀한 존재임을 기억하십시오.

이 책을 펼치고 끝까지 완주하지 못해도, 중간에 멈추었다가 다시 돌아와도 괜찮습니다. 하나님과 함께 다시 중심에 서는 연습이 중요할 뿐입니다. 이 책이 흔들리는 인생 여정에 조용히 당신과 동행하는 안내자가 되기를 바랍니다.

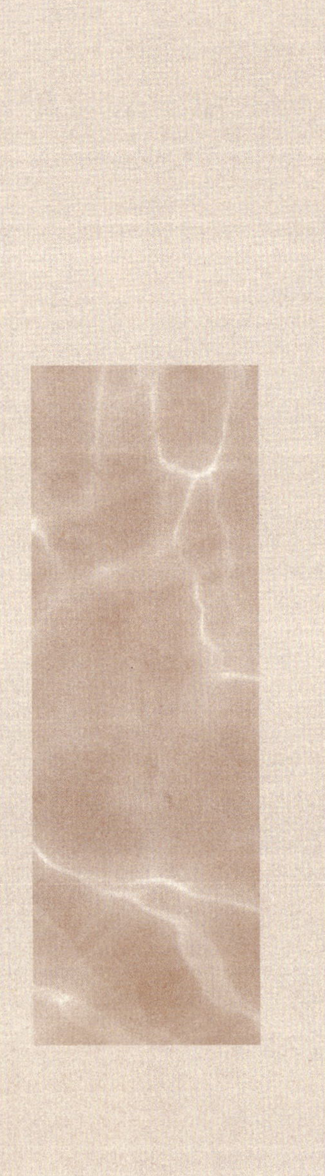

나는 누구인가

Identity

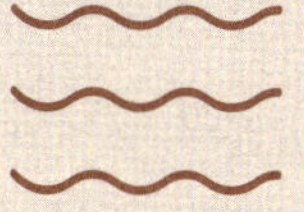

마음이 흔들릴 때

여호와께서 사무엘에게 이르시되 그의 용모와 키를 보지 말라 내가 이미 그를 버렸노라 내가 보는 것은 사람과 같지 아니하니 사람은 외모를 보거니와 여호와는 중심을 보시느니라 _사무엘상 16:7

Encounter Insight

살면서 우리는 자연스레 자신을 설명하는 말들을 배웁니다. 직함과 역할, 책임과 성취를 정의하는 언어입니다. 그 말들은 살아가는 데 분명 도움이 됩니다. 그래서 우리는 그 말들에 익숙해지다가 어느 순간부터는 나 자신을 설명하는 데 멈추지 않고 '나는 이런 사람이다'라고 규정해 버립니다. 삶의 무게를 감당하면서 무엇을 해내며 살아왔는지가 묻어 있는 말이지요. 그렇게 하루하루를 버티고, 조심스럽게 살아냅니다.

그러나 어느 날 문득, 마음이 흔들립니다. 특별히 무너질 만한 일도 크게 잘못된 일도 없어 보이는데 이상하게 마음이 예전 같지 않습니다. 여전히 해야 할 일은 많고 책임도 남아 있는데, 설명하기 어려운 불안이 마음 깊은 곳에 오래 머뭅니다. 그 흔들림은 소리치지 않습니다. 다만 조용히 이렇게 묻습니다.

"이 말들이 사라진다면, 나는 무엇으로 남을까?"

그 질문 앞에서 잠시 말을 잃습니다. 그동안 너무 오래, 그 말이 나를 정의했기 때문입니다.

사무엘상 16장에는 하나님께서 사람을 세우는 기준이 담겨 있습니다. 사람은 외모를 보지만, 여호와는 중심을 보신다고 말씀하십니다. 이 말씀은 다윗을 선택하는 장면인 동시에 오늘을 살아가는 우리를 향한 하나님의 시선입니다.

하나님은 우리가 얼마나 잘해 왔는지 묻지 않으십니다. 무엇을 이루었는지보다 무엇을 붙들고 하루를 살아왔는지를 보십니다. 겉으로 드러난 모습보다 말하지 못한 마음의 방향을 살피십니다.

마음이 흔들릴 때, 하나님은 그 흔들림을 실패로 보지 않으십니다. 오히려 그 흔들림을 쓰시며 우리를 부르십니다. 흔들림은 무너졌다는 뜻이 아니라, 지금까지 붙들어 온 중심이 조용히 한계를 드러냈다는 신호입니다. 우리는 그 신호를 약함으로 해석하지만, 하나님은 그것을 멈추어 서도 괜찮다는 허락으로 바꾸어 주십니다.

하나님은 "너는 지금 무엇을 중심에 두고 살아왔느냐?"라는 질문으로 우리를 몰아붙이지 않으십니다. 다만 방향을 잃은 마음을 다시 불러 세울 뿐입니다.

오늘 하나님을 다시 만나는 방법은 이 질문 앞에 그대로 머무는 것입니다. 나를 설명하던 말들이 잠시 힘을 잃을 때, 그 빈자리를 서둘러 다른 말로 채우지 않으면 됩니다. 그 빈자리에 하나님의 시선이 머물도록, 잠시 시간을 내어 드리십시오.

하나님은 "중심을 본다"라는 말씀으로 우리에게 더 잘하라고 요구하지 않으십니다. 오히려 더 이상 스스로를 증명하지 않아도 되는 자리로 우리를 데려가십니다. 설명하지 않아도 괜찮고, 버티지 않아도 되는 자리입니다.

흔들리는 마음은 실패가 아니라 오히려 중심을 다시 바라보게 하는

'마음의 문'입니다. 이 문 앞에서 서둘러 결론을 내리지 않아도 괜찮습니다. 문을 닫지 말고 잠시 서 있어 보십시오. 하나님은 그 자리에 머무는 마음을 외면하지 않으십니다. 조용히 그러나 분명하게, 당신의 중심을 다시 불러 세우실 것입니다.

문제 제기: 흔들림의 이유를 드러내다

최근 내 마음이 흔들렸던 순간은 언제였나요? 그 흔들림은 어떤 상황에서 가장 분명하게 느껴졌나요?

내면 탐색: 나의 중심을 비추다

나는 지금까지 어떤 말과 성취로 스스로를 설명했나요? 그 설명이 사라진다면, 나는 나 자신을 어떻게 느낄까요?

하나님께로 전환: 시선을 하나님께로 옮기다

'중심을 보신다'라는 말씀은 나에게 위로인가요? 부담인가요? 지금 하나님 앞에 그대로 서 있다면, 나는 어떤 모습으로 서 있을까요?

주님, 흔들리는 마음을 숨기지 않고 주님 앞에 가져오기를 소망합니다. 사람의 시선에 익숙해진 제 마음을 주님께 솔직히 내어놓습니다. 오늘, 저를 지탱해 온 중심을 다시 주님께 맡기며 이 여정을 시작합니다.

| 말씀 되새기기 |

여호와께서 사무엘에게 이르시되 그의 용모와 키를 보지 말라 내가 이미 그를 버렸노라 내가 보는 것은 사람과 같지 아니하니 사람은 외모를 보거니와 여호와는 중심을 보시느니라

Root Scripture

⁴사람이 무엇이기에 주께서 그를 생각하시며 인자가 무엇이기에 주께서 그를 돌보시나이까 ⁵그를 하나님보다 조금 못하게 하시고 영화와 존귀로 관을 씌우셨나이다 ⁶주의 손으로 만드신 것을 다스리게 하시고 만물을 그의 발 아래 두셨으니 _시편 8:4-6

Encounter Insight

우리는 살아가면서 누군가에게 '잊힌 사람'이 되기를 두려워합니다. 더 기억될 만한 사람이 되기 위해 애쓰고, 의미 있는 자리를 차지하려고 노력합니다. 성취를 쌓고 역할을 넓히고 누군가의 기대에 부응하려 발버둥칩니다. 그러한 마음 깊은 곳에는 늘 같은 바람이 숨어 있습니다.

"나는 사라지는 존재가 아니다."

이 확신을 얻기 위해 오늘도 자신을 증명하며 하루를 살아갑니다. 그러나 그러한 삶에는 쉼이 없습니다. 잠시 멈추면 뒤처질 것 같고, 속도를 늦추면 잊힐 듯합니다. 그래서 우리는 스스로에게 묻습니다.

"내가 멈추면, 나를 기억할 사람이 있을까?"

이 질문은 성공한 사람일수록 더 깊어집니다. 성취가 많을수록 그 성취가 사라질까 봐 두렵기 때문입니다. 기억을 붙잡기 위한 삶은 언제나 다음 결과를 요구하고, 더 나은 성과를 재촉합니다. 그렇게 존재를 증명하려고 마음을 소진합니다.

시편 8편에서 시편 기자는 밤하늘을 올려다봅니다. 셀 수 없이 많은 별들과 광활한 우주 앞에서 인간은 한없이 작습니다. 그는 이렇게 고백합니다.

"사람이 무엇이기에 주께서 그를 생각하시며….”

인간의 초라함에서 출발한 이 말은 곧 전혀 다른 세계로 우리를 데려다 놓습니다. 그는 하나님께서 그 작고 연약한 인간을 생각하시고 돌보신다고 증언하기 때문입니다. 인간의 가치는 우주 속에서 차지하는 크기로 증명되지 않습니다. 하나님 안에 있다는 사실로 확정됩니다.

성경에 등장하는 하나님이 우리를 "생각하신다"라는 표현은 단순히 떠올린다는 뜻이 아닙니다. 잊지 않겠다는 약속이며, 관계를 유지하겠다는 선언이고, 책임지고 돌보겠다는 사랑의 표현입니다. 하나님은 우리가 쓸모 있을 때만, 잘해 낼 때만 관심을 두는 분이 아닙니다. 하나님은 우리가 무엇을 이루었는지가 아니라 우리가 누구인지를 기억하십니다.

이 사실 앞에서 우리는 "나는 어떻게 기억될까?"라는 질문을 "나는 누구의 기억 안에 살고 있을까?"라고 바꿀 수 있습니다.

사람의 기억 안에 머무는 삶은 언제나 불안하지만, 하나님의 기억 안에 거하는 사람은 쉴 수 있습니다. 더 애쓰지 않아도 되고 증명하지 않아도 됩니다. 이미 하나님의 마음에 자리 잡았기 때문입니다.

오늘 하나님을 다시 만나는 방법은 이미 하나님께 기억되고 돌봄을 받는 존재임을 받아들이는 것입니다. 나의 이름이 하나님의 기억 속에 안전하게 놓여 있음을 믿는 순간, 우리는 비로소 속도를 늦출 수 있습니다. 잊히지 않기 위해 달려온 삶에서 내려와, 기억되고 있는 자리에서 숨을 고르십시오. 그 자리가 오늘 우리에게 허락된 중심입니다.

문제 제기: 기억에 대한 두려움을 드러내다

내가 '잊힐까 봐' 가장 불안한 때는 언제인가요? 그 불안은 어떤 상황에서 가장 강할까요?

내면 탐색: 나의 중심을 살피다

멈추거나 뒤로 물러설 때, 마음속에서 가장 먼저 떠오르는 두려움은 무엇인가요? 그 두려움은 나를 어디로 몰고 갈까요?

하나님께로 전환: 복음의 중심으로 옮기다

하나님이 나를 "생각하시고 돌보신다"라는 말씀이 오늘 나에게 어떤 의미로 다가오나요? 더 이상 자신을 증명하지 않아도 된다면, 무엇을 내려놓고 어떤 속도로 살아가야 할까요?

주님, 기억되기 위해 애써 온 제 마음을 주님께 내려놓기를 소망합니다.
사람의 기억에 매달려 불안했던 마음을 주님 앞에 솔직히 고백합니다.
오늘도 저를 기억하시고 붙드시는 주님을 신뢰하며 살아가겠습니다.

| 말씀 되새기기 |

사람이 무엇이기에 주께서 그를 생각하시며 인자가 무엇이기에 주께서
그를 돌보시나이까 그를 하나님보다 조금 못하게 하시고 영화와 존귀
로 관을 씌우셨나이다 주의 손으로 만드신 것을 다스리게 하시고 만물
을 그의 발 아래 두셨으니

존귀함은 어디에서 오는가

하나님이 자기 형상 곧 하나님의 형상대로 사람을 창조하시되 남자와 여자를 창조하시고 _창세기 1:27

우리는 자신이 존귀하다고 느끼고 싶어 합니다. 누군가에게 인정받을 때, 맡은 역할이 분명할 때, 성취가 눈에 보일 때, 대단한 사람이 된 듯합니다. 그래서 존귀함을 붙잡아야 하고, 증명해야 한다고 여기며 살아갑니다. 잘해야 존중받고 더 유능해야 하며, 필요한 사람이 되어야만 존귀해진다고 믿습니다. 그런데 이 믿음은 살아가는 데 도움은 되지만, 쉬지 못하게 만듭니다.

우리는 무의식중에 자신을 평가하며 살아갑니다. 오늘의 성과로 나를 판단하고, 실패한 하루에는 스스로에게 더 엄격해집니다. 그렇게 우리는 존귀함을 충족시키기 위해 스스로를 몰아붙입니다.

그러나 성경은 인간을 전혀 다르게 정의합니다. 창세기 1장을 보면 하나님은 인간을 창조하시면서 능력이나 성취를 먼저 말씀하지 않으십니다. 무엇을 할 수 있는지, 어떤 역할을 감당할지보다 단 하나의 사실을 선언하십니다.

"하나님의 형상대로 지음 받았다."

이 말씀은 아직 인간이 아무것도 이루지 않았을 때, 성공도 실패도 경험하지 않았을 때 주어진 선언입니다. 그렇기에 '존귀함'은 인간의 행동 이후에 얻어지는 보상이 아니라, 존재와 함께 처음부터 주어진 정체성입니다.

'하나님의 형상'대로 창조되었다는 말은 우리가 완전하다는 뜻이 아닙니다. 우리가 하나님의 존재를 닮아, 하나님의 마음과 뜻을 보이도록 창조되었다는 의미입니다. 다시 말해 우리의 존귀함은 우리가 무엇을 만들어 냈는지에 있지 않고, 누구를 닮아 있는지에 있습니다. 이 사실을 잊을 때 우리는 존귀함을 스스로 만들어내야 한다고 느낍니다. 그때부터 삶은 끊임없는 비교와 자기 평가의 장이 됩니다. 다른 사람의 성취는 나의 부족함을 비추는 거울이 되고, 나의 실패는 곧 나의 존재 이유처럼 느껴집니다.

상담을 하면서 이런 고백을 종종 듣습니다.

"저는 이 정도밖에 안 되는 사람 같아요."

이 말은 겸손이 아니라 존귀함을 오랫동안 성취로 계산해 온 습관에서 나온 표현입니다. 성경은 우리에게 전혀 다른 계산법을 가르칩니다. 우리는 존귀해지기 위해 일하는 존재가 아니라, 존귀하기 때문에 살아가는 존재입니다. 하나님 안에서 이미 존귀한 존재로 부름을 받았고 그 안에서 살아가도록 인도를 받았습니다.

오늘 하나님을 다시 만나는 방법은 존귀함을 증명하려는 삶에서 한 발 물러서는 일입니다. 내가 무엇을 해냈는지가 아닌, 내가 누구의 형상으로 지음 받았는지를 기억하십시오. 흔들릴 때마다, 성취를 더 쌓으려 했던 마음을 내려놓고 이미 주어진 존귀함 위에 다시 서보는 것입니다.

그 자리에 서면 비교에서 자유로워지고, 스스로를 미워하지 않아도 되는 쉼을 경험하게 됩니다. 존귀함은 쟁취가 아니라 하나님의 품에 안기는 축복입니다.

문제 제기: 존귀함을 위협해 온 기준을 드러내다

나는 어떤 상황에 있을 때 스스로를 존귀하지 않다고 느끼나요? 나는 존귀함을 유지하기 위해 어떤 방법을 택했나요?

내면 탐색: 나의 존귀함 계산법을 바라보다

'잘했을 때'와 '잘하지 못했을 때'를 떠올릴 때, 나는 스스로를 얼마나 다르게 대했나요? 나의 자기 평가는 하나님의 시선과 얼마나 닮아 있을까요? 또는 어떻게 다를까요?

하나님께로 전환: 복음의 기준으로 옮기다

하나님이 나를 '그분의 형상'대로 지으셨다는 말씀이 오늘 나에게 어떤 위로로 다가왔나요? 이미 존귀한 존재로 살아간다면, 나는 무엇을 덜 증명해도 괜찮을까요?

주님, 존귀함을 얻기 위해 애써 온 제 마음을 주님 앞에 내려놓습니다. 제가 무엇을 이루기 전에 이미 저는 존귀한 존재라는 말씀을 마음 깊이 믿습니다. 오늘, 하나님의 형상대로 지음 받은 존재로서 조용히 주님 앞에 서겠습니다.

| 말씀 되새기기 |

하나님이 자기 형상 곧 하나님의 형상대로 사람을 창조하시되 남자와 여자를 창조하시고

무엇으로 나의 가치를 규정하는가

Root Scripture

그들에게 이르시되 삼가 모든 탐심을 물리치라 사람의 생명이 그 소유의 넉넉한 데 있지 아니하니라 하시고 _누가복음 12:15

Encounter Insight

우리는 가치 있는 인생을 살고 싶어 합니다. 가치 없다고 느껴지는 순간, 생각보다 깊은 상처를 받습니다. 아무도 나를 비난하지 않았는데 스스로에게 실망하고, 이유 없이 마음이 움츠러듭니다. 무의식중에 자신을 지킬 기준을 세웁니다. 성과가 있으면 괜찮고, 필요하면 쓸모 있으며, 인정받으면 가치 있는 사람이라고 믿습니다. 이 기준들은 우리를 움직이는 힘이었으나 시간이 지날수록, 우리를 끊임없이 평가하는 잣대가 됩니다.

하루를 돌아보며 우리는 조용히 자신을 채점합니다. 오늘 무엇을 해냈는지, 얼마나 인정을 받았는지, 여전히 필요한 사람으로 남아 있는지…. 잘된 날에는 잠시 안도하고, 그렇지 못한 날에는 마음 한구석에서 자신을 밀어냅니다. 그렇게 가치는 늘 조건부가 되고, 우리는 그 조건을 충족시키기 위해 스스로를 몰아붙입니다.

"제가 쓸모없는 사람이 된 것 같아요."

상담의 자리에서 종종 듣는 말입니다. 이 고백은 실제 무능해서가 아니라, 자신의 가치를 성취와 필요성으로 계산해 온 삶의 결과인 경우가 많습니다.

예수님은 누가복음 12장에서 이 계산법을 정면으로 멈추게 하십니다. "사람의 생명이 그 소유의 넉넉한 데 있지 않다"라는 말씀은 단지 물질의 문제를 넘어, 우리가 무엇으로 자신을 가치 있게 평가해 왔는지를 묻습니다. 여기서 소유는 재산만을 의미하지 않습니다. 성취, 능력, 영향력, 평판, 심지어 신앙의 열심까지도 가치를 확인하기 위한 '소유'가 됩니다.

우리는 그것들을 쌓으며 마음속으로 중얼거립니다.

"나는 아직 괜찮다."

그러나 이 방식에는 치명적인 약점이 보입니다. 소유로 가치를 확인하는 삶은 불안정하다는 점입니다. 소유는 비교되고, 유지해야 하며, 언제든 줄어들기 때문입니다. 그래서 끊임없는 증명을 요구받습니다.

예수님은 이 구조를 끊어 내십니다. 생명의 가치는 '가진 것'에서 나오지 않는다고 분명히 말씀하십니다. 우리의 가치는 하나님과의 관계에서 비롯됩니다. 다시 말해, 우리의 가치 때문에 하나님께 나아가는 것이 아니라, 하나님께 속해 있음 자체로 가치를 증명합니다. 이 전환이 일어나지 않으면, 우리는 평생 가치를 좇는 삶에서 벗어나기 어렵습니다. 그러나 이 전환이 일어나는 순간, 삶의 무게는 조금 달라집니다. 더 이상 나를 지키지 못하는 기준을 붙잡고 버티지 않아도 되기 때문입니다.

오늘 하나님을 다시 만나는 방법은, 나를 가치 있게 하는 기준을 정직하게 바라보는 데 있습니다. 그 기준이 비로소 나를 살렸는지, 아니면 나를 지치게 했는지를 분별케 합니다.

예수님은 이렇게 묻습니다.

"네가 붙잡고 있는 그 기준이, 정말로 너의 생명을 지켜 주고 있느냐?"

이 질문 앞에서 우리는 처음으로 가치의 무게를 내려놓고, 존재의 자리로 돌아올 수 있습니다. 무엇을 더 가져야 괜찮아지는 사람이 아니라, 하나님께 속했기에 이미 괜찮은 사람으로 설 수 있습니다.

문제 제기: 가치의 기준을 드러내다

어떤 상황에서 스스로 가장 가치 없다고 느껴지나요? 지금까지 나를 가치 있게 만든다고 믿어 온 것은 무엇일까요?

내면 탐색: 나의 가치 계산법을 바라보다

내가 붙잡아 온 가치의 기준은 나를 쉽게 했을까요? 아니면 더 애쓰게 했을까요? 만약 그 기준이 사라진다면, 나는 나 자신을 어떻게 대할까요?

하나님께로 전환: 복음의 기준으로 옮기다

예수님이 "생명은 소유에 있지 않다"라고 하실 때, 나에게 내려놓으라고 하시는 것은 무엇인가요? 하나님께 속한 존재로서의 가치를 믿는다면 무엇을 더 이상 증명하지 않아도 될까요?

주님, 내가 가치 있다고 느껴 온 기준들을 주님 앞에 내려놓습니다. 소유와 성취로 나를 증명하려 했던 제 마음을 주님께 솔직히 고백합니다. 오늘, 생명의 가치를 주님 안에서 다시 배우며 살아가겠습니다.

| 말씀 되새기기 |

그들에게 이르시되 삼가 모든 탐심을 물리치라 사람의 생명이 그 소유의 넉넉한 데 있지 아니하니라 하시고

쉼표가 있는 삶을 위해

[28]수고하고 무거운 짐 진 자들아 다 내게로 오라 내가 너희를 쉬게 하리라 [29]나는 마음이 온유하고 겸손하니 나의 멍에를 메고 내게 배우라 그리하면 너희 마음이 쉼을 얻으리니 _마태복음 11:28-29

우리는 쉼을 갈망하면서도 두려워합니다. 잠시 멈추고 싶다고 말하지만, 막상 멈추면 마음이 더 불안해집니다. 바쁜 일정이 끝나면 쉬어야지 하면서도, 정작 아무것도 하지 않는 시간이 주어지면 마음이 편치 않습니다. 몸은 멈추었는데 생각은 멈추지 않고, 고요한 시간 속에서 오히려 마음이 더 분주해집니다. 죄책감이 들고, 가만히 있는 자신이 무가치하게 느껴질 때도 있습니다. 그러다 다시 바삐 움직입니다. 쉼보다 늘 일하는 내가 익숙합니다.

우리는 왜 쉼을 두려워하게 되었을까요? 쉼 자체가 문제라기보다 쉼이 우리의 중심을 드러내기 때문일지도 모릅니다. 우리는 너무 오래, 안전과 가치를 성취와 역할 위에 세워 왔습니다. 잘하고 있을 때는 괜찮아 보였지만, 멈추는 순간 마음속 질문이 고개를 듭니다.

'이렇게 있어도 괜찮을까?'

'아무것도 하지 않는 나는 여전히 가치가 있을까?'

쉼은 이 질문을 피할 수 없게 만듭니다. 그래서 쉼은 위로가 아니라 위협처럼 느껴집니다.

예수님은 이 지점을 정확히 아십니다. 그래서 먼저, "쉬어라"라고 말씀하지 않으시고 "내게로 오라"라고 부르십니다. 예수님이 주시는 쉼은 어떤 상태나 환경이 아니라 관계입니다. 쉼은 일을 멈추는 기술이 아닙니다. 짐을 내려놓고 그분에게 나아가는 용기입니다. 우리의 쉼은 '무엇을 하지 않느냐'보다 '누구에게로 가느냐'에서 시작됩니다.

"수고하고 무거운 짐 진 자들아"라는 부르심은 너무 오래 책임져 왔고 성실하게 버텨 온 사람들을 향한 초대입니다. 예수님은 "더 잘해 보라"라고 말씀하지 않으십니다. 대신 "그 짐을 들고 나에게 오라"라고 하십니다. 그 짐은 일의 무게, 스스로를 증명해야 한다는 부담, 멈추면 무너진다는 두려움, 내가 붙들지 않으면 안 된다는 통제의 습관일지도 모릅니다. 예수님은 이어서 이렇게 말씀하십니다.

"내 멍에를 메고 내게 배우라."

멍에는 짐이 아니라 짐을 함께 지는 도구입니다. 예수님은 우리 삶의 짐을 모두 없애기보다 그 짐을 홀로 지지 않게 하십니다. 쉼은 아무것도 하지 않는 공백이 아닙니다. 더 이상 혼자 책임지지 않아도 되는 평안함입니다. 그 안에서 우리는 처음으로 마음의 쉼을 경험합니다.

예수님은 분명하게 말씀하십니다.

"내가 너희를 쉬게 하리라."

이 쉼은 우리가 만드는 성취가 아니며, 예수님과의 관계 안에서 다시 배우는 삶의 리듬입니다. 그 리듬 안에서, 조급하던 마음은 서서히 제 속도를 되찾고 흔들리던 중심도 다시 자리를 잡습니다.

문제 제기: 쉼을 방해하는 신념을 드러내다

나는 쉬고 있을 때 오히려 왜 마음이 더 불안해질까요? 그 불안은 정말 '게으름' 때문일까요, 아니면 멈추면 잃는다는 생각 때문인가요?

내면 탐색: 나의 중심과 정체성을 비추다

'아무것도 하지 않는 나'를 떠올릴 때, 마음속에 가장 먼저 떠오르는 평가는 무엇인가요? 그 평가는 어디에서 배운 기준이며, 누구의 목소리인가요?

하나님께로 전환: 복음의 자리로 방향을 옮기다

예수님이 부르실 때, 나는 어떤 짐을 혼자 지고 있나요? 쉼을 '주님께 나아감'으로 다시 정의한다면, 나는 어떤 모습으로 서 있을까요?

주님, 쉼을 두려워한 제 마음을 주님 앞에 가져옵니다. 멈추는 순간에도 저를 붙드시는 분이 주님이심을 믿고 싶습니다. 오늘, 성과가 아니라 주님 안에서 참된 쉼을 배우게 하소서.

| 말씀 되새기기 |

수고하고 무거운 짐 진 자들아 다 내게로 오라 내가 너희를 쉬게 하리라 나는 마음이 온유하고 겸손하니 나의 멍에를 메고 내게 배우라 그리하면 너희 마음이 쉼을 얻으리니

마음을 움직이는 거짓 신념

[1]여호와께서 집을 세우지 아니하시면 세우는 자의 수고가 헛되며 여호와께서 성을 지키지 아니하시면 파수꾼의 깨어 있음이 헛되도다 [2]너희가 일찍이 일어나고 늦게 누우며 수고의 떡을 먹음이 헛되도다 그러므로 여호와께서 그의 사랑하시는 자에게 는 잠을 주시는도다 _시편 127:1-2

Encounter Insight

우리는 오랜 시간 쉼 없이 살아오며 몇 가지 믿음을 자연스럽게 배워 왔습니다. 그 믿음들은 겉보기에는 성실하고 책임감 있어 보이게 합니다. 그러나 마음 깊은 곳에서는 우리를 쉬지 못하게 만드는 힘으로 작동합니다.

'쉬면 안 된다.'

'멈추면 뒤처진다.'

'내가 하지 않으면 무너진다.'

이런 생각들은 어느새 삶의 규칙처럼 굳어졌습니다. 그 규칙을 어기면 이유 없는 불안이나 죄책감이 따라옵니다. 그렇게 우리는 쉬지 못하는 사람일 뿐 아니라 쉬어서는 안 된다고 믿는 사람이 되어 왔습니다.

시편 127편은 이 익숙한 믿음들을 조용히 흔들어 놓습니다. 성경이 수고 자체를 부정하지는 않습니다. 문제는 수고의 양이 아니라 그 수고의 중심이 어디에 있는지입니다. "여호와께서 집을 세우지 아니하시면" 이라는 말씀은 우리가 얼마나 열심히 사는지보다 누가 우리의 삶을 붙드는지를 묻습니다. 이 말씀 앞에서 우리는 지금까지의 바쁨이 참된 헌신이었는지, 아니면 모든 것을 내가 붙들어야 한다는 불안에서 비롯되었는지 생각해 봐야 합니다.

'일찍 일어나고 늦게 누우며 수고의 떡을 먹는 삶'은 오늘 우리의 모습과도 닮아 있습니다. 쉼 없이 움직이며, 멈추지 않아야 미덕이라고 여겨지는 삶입니다. 그러나 성경은 그 삶이 헛될 수 있다고 말합니다. 그 수고가 하나님을 신뢰하지 못하는 마음에서 나온다면, 우리를 살리지 못하고 오히려 소진시킬 뿐입니다. 바쁘게 살면서 마음이 점점 메말라 갑니다. 시편은 여기서 전혀 다른 길을 보여 줍니다.

"여호와께서 그의 사랑하시는 자에게는 잠을 주시는도다."

이 말씀은 쉼이 보상의 결과가 아니라 사랑의 표현임을 말해 줍니다. 우리는 충분히 수고했기 때문에 쉬는 존재가 아닙니다. 이미 사랑받기 때문에 쉴 수 있는 존재입니다. 쉼은 우리가 쟁취해야 할 권리가 아니라 하나님께서 주시는 선물입니다.

상담 중에 종종 이런 고백을 듣습니다.
"쉬고 싶은데, 쉬면 불안해요."
그 불안의 밑바닥에는 '나는 계속 유용해야 한다', '멈추는 순간, 나는 필요 없는 사람이 된다'라는 믿음이 숨어 있습니다. 쉼 없는 삶이 만들어 낸 이 믿음은 우리를 지켜 주는 듯 보이지만, 사실은 우리를 붙잡는 족쇄입니다.
시편은 그 족쇄를 거칠게 끊어 내지 않습니다. 다만 이렇게 속삭입니다.

"네 삶은 네가 지켜야만 유지되는 구조가 아니다."

하나님은 우리를 이미 돕고 지키고 계십니다. 쉼 없는 삶이 만든 거짓 신념을 내려놓을 때, 하나님을 다시 만나게 됩니다. 모든 것을 맡기지 못해 불안해하던 마음에서, 맡길 수 있기에 숨을 고를 수 있는 마음으로 옮겨 갑니다. 그 자리에서 "오늘은 내가 조금 덜 해도 괜찮다"라는 평안을 누립니다. 쉼은 무너짐이 아니라 신뢰의 가장 깊은 표현입니다.

Soul Questions

문제 제기: 쉼을 막아 온 믿음을 드러내다

나는 언제부터 '쉬지 않는 것이 미덕'이라고 믿게 되었나요? 그 믿음은 말씀에서 배운 것인가요, 아니면 살아남기 위해 익힌 규칙인가요?

내면 탐색: 나를 몰아가던 구조를 바라보다

"내가 하지 않으면 안 된다"라는 생각은, 내 삶의 어떤 경험에서 시작되었나요? 쉼 없는 삶은 나에게 무엇을 주었고, 동시에 무엇을 빼앗아 갔나요?

하나님께로 전환: 신뢰의 자리로 방향을 옮기다

하나님이 이미 나의 삶을 세우고 지키고 계신다면, 나는 오늘 무엇을 내려놓을 수 있나요? '쉬어도 괜찮은 나'를 하나님은 어떤 시선으로 바라보고 계실까요?

주님, 쉼 없이 살아오며 붙잡아 온 거짓 신념들을 주님 앞에 내려놓습니다. 제가 지켜야만 유지된다고 믿었던 삶을 이제 주님의 손에 맡깁니다. 사랑받기 위해 애쓰는 삶이 아니라, 사랑받기에 쉴 수 있는 삶을 배우게 하소서.

| 말씀 되새기기 |

여호와께서 집을 세우지 아니하시면 세우는 자의 수고가 헛되며 여호와께서 성을 지키지 아니하시면 파수꾼의 깨어 있음이 헛되도다 너희가 일찍이 일어나고 늦게 누우며 수고의 떡을 먹음이 헛되도다 그러므로 여호와께서 그의 사랑하시는 자에게는 잠을 주시는도다

멈출 때 드러나는 중심

¹⁹모세가 그들에게 이르기를 아무든지 아침까지 그것을 남겨 두지 말라 하였으나 ²⁰그들이 모세의 말을 청종하지 아니하고 더러는 아침까지 두었더니 벌레가 생기고 냄새가 난지라 모세가 그들에게 노하니라 _출애굽기 16:19-20

Encounter Insight

이스라엘 백성은 광야에서 만나를 경험합니다. 만나는 하늘에서 내려온 양식, 하루를 살아갈 만큼만 주어지는 은혜입니다. 하나님은 분명하게 말씀하십니다.

"아침까지 남겨 두지 말라."

이 말씀은 식량 관리에 대한 지침이 아닙니다. 신뢰를 배우게 하는 훈련의 말씀입니다. 하루치 은혜를 오늘에 머물게 하라는 초대입니다. 그러나 백성들은 그 말씀을 온전히 믿지 못합니다. 혹시 하나님이 오늘만 주시고 내일은 주시지 않으실까 염려하며 조금 더 남겨 둡니다. 그 결과는 분명합니다. 벌레가 생기고 냄새가 납니다. 은혜가 짐이 됩니다. 이 장면은 매우 인간적입니다. 우리 역시 하나님을 믿는다고 하면서도 삶에서는 늘 이렇게 묻습니다.

"혹시 부족하면 어쩌지?"

"지금 좀 더 챙겨 두지 않으면 불안한데."

그래서 우리는 쉼을 허락하지 못하고, 하루치 은혜를 이틀치 불안으로 바꿔 쌓아 둡니다. 그 불안은 시간이 지나며 삶에 냄새를 남깁니다. 마음이 무거워지고, 관계는 날카로워지며, 신앙은 서서히 메말라 갑니다. 계속 쌓았지만, 정작 마음은 풍요로워지지 않습니다.

그러나 같은 본문 안에서 전혀 다른 장면이 이어집니다. 안식일을 앞둔 날에는 만나를 남겨 두어도 썩지 않습니다. 냄새도 나지 않고, 벌레도 생기지 않습니다. 이유는 단순합니다. 그날은 하나님께서 남겨 두라고 하신 날이기 때문입니다. 여기서 우리는 중요한 진리를 만납니다. '남겨 둔 것'이 아니라 '누구의 말씀을 따라 남겼는지'가 문제라는 사실입니다. 하나님 없이 붙잡은 것은 썩지만, 하나님께 맡기며 남긴 것은 지켜집니다.

멈추지 못하는 마음의 깊은 곳에는 대개 통제이론(control theory, 자신의 내적 동기가 자신의 행동을 통제한다는 심리학적 이론)이 자리합니다. 불안한 사람은 미래를 미리 확보하려 하고, 쉬지 못하는 사람은 오늘을 더 붙잡으려 합니다. 그러나 하나님은 만나를 통해 이렇게 말씀하십니다.

"내일의 문제는 내일의 은혜로 충분하다."

쉼이 두려운 이유는 쉼 속에서 '아무것도 하지 않는 나'를 마주한다고 생각하기 때문입니다. 그러나 나는 여기까지 무엇을 믿고 살아왔는지 생각해 보십시오.

멈추는 순간, 중심이 드러납니다. 계속 움직일 때는 보이지 않던 것이 멈추면 비로소 선명해집니다. 내가 하나님을 붙잡았는지, 아니면 나의 준비와 성실, 나의 계산과 통제가 나를 붙잡았는지 보십시오. 하나님은 이스라엘을 벌하시기 위해 만나를 썩게 하신 것이 아닙니다. 그들의 중심이 어디에 놓여 있는지를 보기 위해 그렇게 하셨습니다.

오늘 하나님을 다시 만나는 방법은 하루치 은혜를 오늘에 머물게 하는 연습에 있습니다. 내일의 불안을 오늘로 끌어와 쌓아 두지 않는 것입니다. 쉼 없는 수고는 하나님을 대신하지 않습니다. 우리가 멈췄다고 해서 하나님이 우리를 버리지는 않으십니다. 오히려 그 자리에서 이렇게 말씀하십니다.

"너는 이미 충분히 받았다. 오늘은 여기까지다."

멈춤은 위험의 순간이 아니라 신뢰가 가장 분명하게 드러나는 자리입니다.

문제 제기: 내면의 숨겨진 불안을 드러내기

나는 무엇이 두려워서 쉬지 못하고 쌓아 두며 살아왔나요? 멈추지 못하게 만드는 나의 가장 큰 염려는 무엇인가요?

내면 탐색: 중심을 비추는 나의 붙잡음

내가 남겨 두었던 '만나'는 무엇인가요? 성취, 인정, 준비, 통제 또는 책임이었나요? 그것은 시간이 지나며 내 삶과 마음에 어떤 냄새를 남겼나요?

하나님께로 전환: 신뢰로 옮기는 마음의 중심

오늘 하나님께서 "여기까지면 충분하다"라고 말씀하시는 영역은 무엇인가요? 하루치 은혜를 오늘에만 머물게 한다면, 내 삶의 속도와 마음은 어떻게 달라질까요?

주님, 내일을 붙잡으려던 손을 오늘 내려놓습니다. 하루치 은혜로 충분하다고 말씀하시는 주님의 음성을 믿습니다. 멈출 때에도 나를 먹이시고 지키시는 주님께 제 삶의 중심을 맡깁니다.

| 말씀 되새기기 |

모세가 그들에게 이르기를 아무든지 아침까지 그것을 남겨 두지 말라 하였으나 그들이 모세의 말을 청종하지 아니하고 더러는 아침까지 두었더니 벌레가 생기고 냄새가 난지라 모세가 그들에게 노하니라

중심이 바뀌기 시작했다는 신호들

한 주 동안 묵상을 이어 오면서 우리는 빠른 답을 찾고자 하지 않았습니다. 대신 하나님의 말씀을 중심에 두고, 그동안 오래 붙잡고 살아왔던 질문 앞에 다시 섰습니다.

"나는 누구인가?"

이 질문은 낯선 물음이 아님에도 그동안 너무 쉽게 지나쳐 왔습니다. 바쁘다는 핑계로, 이미 충분히 안다는 이유로 회피해 왔습니다. 어쩌면 이 질문이 삶을 흔들어 놓을까 봐 두려웠을 수도 있습니다. 그러나 우리는 이번 한 주 동안 멈추어 이 질문을 다시 들여다보았습니다. 그러면서 알게 되었습니다. 흔들림은 약함이 아니라 중심이 이동하려는 신호일 수 있다는 사실을요.

우리는 하나님이 우리를 어떻게 부르시는지, 어떤 자로 기억하시는지, 어디에서 존귀함을 주시는지 차분히 살펴보았습니다. 그 과정에서 그동안 자신을 설명해 온 언어들, 즉 직함과 역할, 성과와 책임을 정직하게 마주했습니다. 그 언어들은 우리를 여기까지 데려오는 데 분명 유익했습니다. 하지만 동시에 우리를 멈추지 못하게 만들었고, 쉼을 두려움으로, 멈춤을 불안으로 느끼게 했습니다.

쉼은 아무것도 하지 않는 공백이 아니라, 하나님께 삶의 중심을 내어 드리는 관계입니다. 만나를 하루치만 받으라는 명령은 신뢰의 훈련이고, 안식은 통제를 내려놓는 믿음의 표현입니다. 멈췄을 때 우리가 무엇을 신뢰하며 살아왔는지에 대한 진실이 드러납니다.

이 한 주 동안 마음이 더 불편해졌더라도 그것은 잘못된 길을 가고 있다는 신호가 아닙니다. 오히려 오랫동안 굳어 있던 중심이 움직였다는 증거일 수 있습니다. 불안한 성격이 조금 달라졌다면, 쉼 앞에서의 반응이 예전과 같지 않다면, 스스로를 설명하는 언어를 조심스럽게 고르게 되었다면, 이미 변화는 시작된 것입니다.

하나님은 서두르지 않으십니다. 중심이 이동하는 일은 한 번의 결단으로 끝나지 않고 반복되는 선택 속에서 이루어집니다. 그리고 지금, 우리의 중심은 이미 하나님께로 조금 옮겨졌습니다. 그것만으로도 이 한 주는 충분히 잘 걸어온 여정이었습니다.

왜 여기까지 왔는가

Motivation

DAY 08 무엇에 이끌려 여기까지 왔는가

¹너희 중에 싸움이 어디로부터 오며 다툼이 어디로부터 오느냐 너희 지체 중에서 싸우는 정욕으로부터 나는 것이 아니냐 ²너희가 욕심을 내어도 얻지 못하고 살인하며 시기하여도 능히 취하지 못하나니 너희가 다투고 싸우는도다 너희가 얻지 못함은 구하지 아니하기 때문이요 ³구하여도 받지 못함은 정욕으로 쓰려고 잘못 구하기 때문이라 _야고보서 4:1-3

Encounter Insight

우리는 어느새 여기까지 와 있는 걸까요? 돌아보면 분명 많은 선택을 해 왔고, 그 선택들이 지금의 나를 만들었습니다. 그렇다고 우리의 선택만으로 이 자리에 있는 걸까요? 무엇인가에 이끌려 온 것은 아닐까요? 그래서 문득 이런 질문이 떠오릅니다.

겉으로 보기에 우리는 늘 '선택하며' 살아온 듯하지만, 사실은 어떤 힘에 '이끌려' 살아온 시간이 더 많았는지도 모릅니다.

처음에는 단순한 열망이었을 수 있습니다. 더 잘해 보고 싶은 마음, 인정받고 싶은 바람, 살아남아야 한다는 패기. 그 동기들은 우리를 움직이게 했고, 포기하지 않게 했으며, 여기까지 오도록 이끌었습니다.

그러나 시간이 지나면서 그 동기들은 조용히 성격을 바꿉니다. 선택의 이유, 속도의 기준, 멈추지 못하게 만드는 힘이 됩니다. 어느 순간부터 우리는 "이 길이 나에게 생명을 주고 있는가?"를 묻지 않게 됩니다. 그 대신 "여기서 멈추면 잃을 게 얼마나 많은가?"를 물으며 계속해서 질주하게 됩니다.

야고보서는 인간의 내면에서 일어나는 갈등의 뿌리를 아주 정직하게 드러냅니다. 겉으로 보이는 다툼과 피로, 만족하지 못하는 마음의 이면에는 채워지지 않은 욕심과 비교, 인정받고 싶은 갈망이 자리한다고 말합니다. "너희 중에 싸움이 어디로부터 오며 다툼이 어디로부터 오느냐"라는 질문은, 그 원인을 바깥에서 찾지 않고 우리 안으로 조용히 돌려 세우게 됩니다. 이 말씀은 내가 살아남기 위해 움켜쥐는 것, 인정받기 위해 붙드는 것, 의미 있는 사람이 되기 위해 스스로를 몰아붙이게 만드는 모든 내면의 끌림을 비춥니다.

원하는 바를 얻지 못할수록 마음은 조급해집니다. 그 마음이 결코 채워지지 않기 때문입니다. 그래서 더 원하고, 더 비교하고, 더 애쓰게 됩니다. 하나님은 그런 우리를 정죄하지 않으십니다. 오히려 숨겨진 통증의 위치를 의사처럼 정확히 짚으십니다. 동기가 왜곡되면, 삶이 앞으로 계속 나아가는 듯 보여도 안에서는 서서히 무너집니다. 하나님은 우리가 무너진 다음에야 부르시는 분이 아니라, 무너질 수밖에 없는 지점을 먼저 보고 계십니다.

오늘 하나님을 다시 만나는 방법은 나의 동기가 얼마나 복잡하고 연약했는지를 하나님 앞에서 정직하게 인정하는 일입니다. 그 정직함 위에서 하나님은 새로운 길을 여십니다. 두려움에 이끌려 달려온 길이 아니라 사랑에 불려 나아가는 길입니다. 비교가 몰아치던 길이 아닌 은혜가 이끄는 길입니다. '더 많이'의 논리가 아니라 '이미 충분하다'는 진리 위에 서는 길입니다. 그 자리에서 우리는 애쓰지 않아도 되는 자유를 처음으로 경험하게 됩니다.

문제 제기: 나를 여기까지 끌고 온 힘의 근원

나는 지금의 자리까지 오기 위해 무엇을 잃을까 두려워하며 달려왔나요? 그 두려움은 언제부터 내 선택과 속도를 결정하는 기준이 되었을까요?

내면 탐색: 나도 모르게 붙잡아 온 동기의 실체

사람의 인정, 비교에서의 우위, 의미 있는 사람이 되고 싶다는 욕구 중 지금 내 마음을 가장 강하게 끌어당기는 것은 무엇일까요? 그 동기는 나를 살게 했을까, 아니면 나를 지치게 했을까요?

하나님께로 전환: 하나님 앞에서 다시 선택하는 동기

내가 가장 민감하게 반응하는 비교와 경쟁의 지점은 어디일까요? 하나님께서 나의 동기를 다시 세우신다면, 무엇을 내려놓고 무엇을 새롭게 선택해야 할까요?

주님, 저를 여기까지 이끌어 온 제 마음의 동기를 주님 앞에 내려놓습니다. 두려움이 아니라 부르심에 이끌려 하나님과 함께 살아가길 원합니다. 오늘부터 제 삶의 방향을 다시 주님 손에 맡깁니다.

| 말씀 되새기기 |

너희 중에 싸움이 어디로부터 오며 다툼이 어디로부터 오느냐 너희 지체 중에서 싸우는 정욕으로부터 나는 것이 아니냐 너희가 욕심을 내어도 얻지 못하고 살인하며 시기하여도 능히 취하지 못하나니 너희가 다투고 싸우는도다 너희가 얻지 못함은 구하지 아니하기 때문이요 구하여도 받지 못함은 정욕으로 쓰려고 잘못 구하기 때문이라

기쁨의 주인이 바뀔 때

이제 내가 사람들에게 좋게 하랴 하나님께 좋게 하랴 사람들에게 기쁨을 구하랴 내가 지금까지 사람들의 기쁨을 구하였다면 그리스도의 종이 아니니라 _갈라디아서 1:10

Encounter Insight

우리는 인정받고 싶은 마음을 종종 부끄러워합니다. 신앙 안에서는 더욱 그렇습니다. 인정 욕구는 믿음이 약한 사람의 표식처럼 여겨지기도 합니다. 그러나 조금만 솔직해지면, 우리 모두 인정받고 싶은 마음을 안고 살아왔다는 사실을 부인하기 어렵습니다.

잘했다는 말 한마디에 하루가 가벼워지고, 무심한 평가 한 줄에 마음이 깊이 가라앉는 경험은 너무도 익숙합니다. 문제는 인정받고 싶다는 마음 자체가 아니라 그 마음이 우리 삶의 방향타를 쥐게 될 때입니다. 인정이 중심이 되면, 우리의 선택 기준이 조금씩 바뀌게 됩니다. "이것이 하나님 중심인가?"보다 "이렇게 하면 인정받을 수 있을까?"를 먼저 묻게 됩니다. 사람의 반응을 살피며 말하고, 평가를 예상하며 행동하게 됩니다. 그러다 보면 어느새 마음은 늘 긴장해 있고, 작은 표정 하나에도 쉽게 흔들리게 됩니다.

갈라디아서에서 바울은 매우 날카로운 질문을 던집니다.

"내가 사람들에게 좋게 하랴 하나님께 좋게 하랴."

이것은 도덕적으로 옳고 그름을 가르는 질문이 아닙니다. 마음의 중심을 묻는 질문입니다. 지금 나를 움직이게 하는 시선이 누구의 것인지, 누구의 평가가 나의 하루를 결정하는지를 묻는 질문입니다. 바울은 인정받지 못해 흔들리던 사람이 아니었습니다. 그는 이미 충분한 인정과 명예를 경험했습니다. 그러나 그는 분명히 알았습니다. 사람이 하는 인정은 순간의 위로일 뿐 삶을 끝까지 지탱시키지는 못한다는 사실을 말입니다.

사람에게 중심을 두면 끊임없이 반응을 살피며 살게 됩니다. 칭찬은 나를 더 몰아세우고, 평가는 나를 쉽게 무너뜨립니다. 인정은 달콤하지만 그만큼 우리를 묶는 사슬이 되기도 합니다. 보여 주고, 증명하고, 실망시키지 않기 위해 애를 쓰는 동안, 하나님의 시선에서 점점 멀어지고 사람의 시선을 크게 느낍니다. 그 결과, 하나님을 믿으면서도 실제 삶에서는 사람이 하는 평가에 의존하는 상태가 됩니다.

상담을 하며 만나는 사람들을 살펴보면 겉으로는 성실하고 성공한 듯해도, 내면에서는 끊임없이 자신을 몰아세우는 모습이 있습니다. 그들은 실패 자체보다 인정받지 못하는 자신을 마주하기를 두려워합니다. 그래서 더 달리고, 더 버티고, 더 잘하려 애씁니다. 그럴수록 마음은 점점 지쳐 갑니다.

하나님은 인정 욕구를 없애라고 말씀하지 않으십니다. 오히려 인정의 주인을 바꾸라고 부르십니다. 바울이 말하는 '그리스도의 종'은 사람의 반응으로 자신을 규정하지 않는 사람입니다. 하나님이 보시기 좋은 삶은 관계 속에서도 자유를 잃지 않는 삶입니다. 이미 하나님 앞에서 받아들여진 존재는 인정받기 위해 살지 않아도 됩니다.

오늘 하나님을 다시 만나는 방법은 나를 몰아가던 수많은 시선에서 한 걸음 물러나 하나님의 시선 아래 다시 서는 일입니다. 그분은 재촉하지 않으시며, 이미 충분히 사랑한다고 말씀하십니다.

문제 제기: 나를 몰아온 힘을 드러내다

나는 언제부터 '옳은 선택'보다 '인정받을 선택'을 더 많이 고민했나요? 나를 가장 바쁘게 만든 것은 사명인가요, 평가에 대한 두려움인가요?

내면 탐색: 반복된 감정의 흐름을 읽다

인정받지 못한다고 느낄 때, 내 마음에서 가장 먼저 올라오는 감정은 무엇인가요? 그 감정은 나에게 무엇을 지키라고 말하고 있을까요?

하나님께로 전환: 중심을 다시 맡기다

하나님의 시선을 선택하면 나는 무엇을 덜 증명해도 될까요? 하나님은 지금의 나를 어떤 이름으로 불러 주고 계시나요?

주님, 인정받기 위해 저를 몰아세웠던 마음을 주님 앞에 내려놓습니다. 사람의 평가보다 주님의 시선 안에 머무는 용기를 주소서. 이미 받아들여진 존재로 살게 하시는 주님을 신뢰합니다.

| 말씀 되새기기 |

이제 내가 사람들에게 좋게 하랴 하나님께 좋게 하랴 사람들에게 기쁨을 구하랴 내가 지금까지 사람들의 기쁨을 구하였다면 그리스도의 종이 아니니라

비교의 자리에서 내려오다

우리가 자기를 칭찬하는 어떤 자와 더불어 감히 짝하며 비교할 수 없노라 그러나 그들이 자기로써 자기를 헤아리고 자기로써 자기를 비교하니 지혜가 없도다 _고린도후서 10:12

비교는 어느 날 갑자기 시작되지 않습니다. 처음에는 정보를 얻기 위해, 방향을 가늠하기 위해 다른 사람의 삶을 참고하고, 성취를 보며 자극을 받습니다. 그러다 어느 순간 그것이 나의 가치를 재는 저울이 됩니다.

다른 사람의 위치와 성과가 어느새 나의 기준이 되고, 그 기준 위에 내가 올라타기 시작합니다. 우리는 비교하며 스스로를 점검한다고 생각하지만 비교는 조용히 이런 메시지를 반복합니다.

"너는 아직 충분하지 않다."

그 속삭임은 어느새 마음의 언어가 되어, 나를 평가하고 재단하며 몰아붙입니다. 앞서 있으면 잠시 안도하고, 뒤처지면 이유 없이 자신을 책망합니다. 그러니 비교는 우리를 부지런하게 만들 수는 있어도 결코 평안하게 만들지는 못합니다.

고린도후서에서 사도 바울은 비교의 본질을 정확히 꿰뚫어 봅니다.

그는 비교를 '지혜가 없는 행위'라고 말합니다. 그 이유는 비교가 사실을 왜곡하기 때문입니다. 비교는 하나님을 밀어내고 인간을 세웁니다. 인간을 기준으로 삼는 순간, 하나님의 부르심과 시간표는 자연스럽게 사라집니다. 하나님의 음성보다 사람들의 성과와 속도에 더 민감해지고, 그 결과 삶의 리듬이 점점 조급해집니다.

비교의 문제는 언제나 결과로 드러납니다. 누군가보다 앞서면 괜히 마음이 높아지고, 뒤처지면 스스로를 작게 만듭니다. 그 과정에서 우리는 하나님이 주신 삶의 기쁨을 잃어버립니다. 비교는 나를 격려하기보다 끊임없이 재단합니다. 서로 다른 시간과 다른 부르심 속에서 살아감에도 비교는 그 차이를 지워 버리고 하나의 척도 위에 세웁니다. 그렇게 되면 하나님이 아니라 사람들의 평가와 분위기에 맞춰 자신을 판단하게 되지요.

그러나 하나님은 우리를 평가하며 부르지 않으십니다. 하나님은 우리를 자녀로 부르시고, 각자의 자리에서 만나 주십니다. 하나님의 부르심에는 비교가 없습니다. 하나님은 우리에게 "남보다 앞서라"라고 말씀하지 않으십니다. 다만 이렇게 부르십니다.

"나와 함께 걸어가자."

비교에서 벗어남은 더 잘하려는 마음을 버리는 일이 아니라 기준을 바꾸는 영적 결단입니다. 사람이 아니라 하나님으로 삼는 일입니다. 이 기준이 바뀌는 순간, 우리는 비로소 자신에게 조금 관대해지고, 다른 사람의 삶도 존중하게 됩니다.

하나님 앞에서 나는 더 이상 누군가보다 나은 사람도, 뒤처진 사람도 아닙니다. 그저 하나님이 부르신 곳에서 그분과 함께 걸어가는 자녀일 뿐입니다. 그것이면 충분합니다.

문제 제기: 내가 서 있던 기준의 자리

나는 최근 어떤 사람, 어떤 기준과 나를 비교하며 내 가치를 판단했나요? 그 비교는 나를 하나님 앞으로 이끌었나요, 사람들 앞으로 끌고 갔나요?

내면 탐색: 비교가 남긴 정서의 흔적

비교가 내 마음을 지배할 때, 나는 어떤 감정에 자주 머물렀나요? 초조함, 열등감, 우월감 또는 무력감은 내 삶의 선택과 속도에 어떤 영향을 주었나요?

하나님께로 전환: 기준을 다시 세우는 선택

하나님께서 "너는 내가 부른 자리에서 나와 함께 걸어가라"고 말씀하신다면, 나는 어떤 비교의 저울을 내려놓고 순종의 기준을 새롭게 받아들일 수 있나요?

주님, 비교로 인해 흔들리던 제 삶의 기준을 주님 앞에 내려놓습니다. 사람의 평가로 나의 가치를 판단하지 않고, 주님의 부르심 위에 서게 하소서. 오늘, 제 자리에서 주님과 함께 걸어가는 삶으로 인도하소서.

| 말씀 되새기기 |

우리가 자기를 칭찬하는 어떤 자와 더불어 감히 짝하며 비교할 수 없노라 그러나 그들이 자기로써 자기를 헤아리고 자기로써 자기를 비교하니 지혜가 없도다

DAY 11 — 나를 지키는 확실한 근거

Root Scripture

어떤 사람은 병거 어떤 사람은 말을 의지하나 우리는 여호와 우리 하나님의 이름을 자랑하리로다 _시편 20:7

Encounter Insight

성과는 우리를 여기까지 데려온 실제적인 힘이었습니다. 노력은 헛되지 않았고, 결과는 삶을 지탱해 주었습니다. 그래서 우리는 자연스럽게 성과를 더욱 붙잡습니다. 문제가 생기면 더 이루려 하고, 불안해질수록 더 쌓아 두려 합니다. '이 정도는 있어야 안전하다'라는 생각이 마음의 기본 값이 됩니다. 삶이 흔들릴 때 붙잡을 수 있는 무엇, 예기치 않은 순간에도 나를 지켜 줄 무엇을 찾는 일은 매우 인간적인 반응입니다.

시편 20편에서 말하는 병거와 말은 당시 사람들이 생존과 승리를 보장받는 가장 확실한 수단이었습니다. 전쟁터에서 병거와 말은 패배하지 않는다는 가시적인 확신을 의미했습니다. 오늘날 우리에게 병거와 말은 무엇인가요? 눈에 보이는 실적, 안정적인 지위, 축적된 성과일지도 모릅니다. 이것들은 우리에게 가장 빠르게 "괜찮다"라고 말해 주는 증거처럼 느껴집니다. 이만큼 했으니 안심해도 된다는 생각, 이것만 잃지 않으면 괜찮다는 믿음 말입니다.

그러나 성과는 어느 순간부터 도구가 아니라 방패가 됩니다. 노력의 열매가 아니라 삶의 안전망이 됩니다. 성과가 흔들리면 마음도 함께 흔들리고, 결과가 기대에 미치지 못하면 존재 자체가 위태롭게 느껴집니다. 성과는 불안을 잠시 덮을 수는 있어도 불안의 뿌리를 치유하지는 못합니다. 성과를 안전망으로 삼을수록 더 많은 성과를 요구받을 뿐입니다.

한 번의 안도는 곧 다음 목표를 찾게 하고, 잠깐의 평안은 더 큰 부담으로 돌아옵니다. 그렇게 우리는 안전해지기 위해 점점 더 지쳐 갑니다.

시편 기자는 익숙한 안전장치 앞에서 전혀 다른 고백을 합니다.

"우리는 여호와 우리 하나님의 이름을 자랑하리로다."

이 고백은 병거와 말을 부정하는 선언이 아닙니다. 도리어 한계를 분별하는 고백입니다. 병거와 말은 위기를 잠시 늦출 수는 있어도 마음의 중심을 지키지는 못합니다. 성과도 마찬가지입니다. 성과가 삶을 돕는 도구일 수는 있어도 삶을 지탱하는 근거는 못 됩니다.

하나님의 이름을 자랑함은 하나님이 누구이신지를 기억하며 그분의 성품과 임재를 안전의 근거로 삼는다는 뜻입니다. 성경에서 이름은 단순히 호칭이 아니라 관계의 약속입니다. 하나님을 의지하는 사람은 성과가 흔들릴 때도 나를 붙들고 계신 그분을 여전히 신뢰합니다. 하나님은 우리에게 "어떻게 성과를 이루었느냐?"라고 묻지 않으십니다. 대신 이렇게 물으십니다.

"너는 무엇을 의지하며 여기까지 살아왔느냐?"

결과가 보이지 않을 때에도 하나님이 여전히 나를 붙들고 계심을 믿는 믿음이 자리할 때, 성과는 하나님이 사용하시는 도구가 됩니다. 성취는 부담이 아니라 감사로, 실패는 위협이 아니라 배움으로 바뀝니다.

오늘 하나님을 다시 만나는 방법은 성과를 모두 내려놓겠다는 결단을 하는 것이 아닙니다. 안전의 중심을 옮기는 믿음의 선택입니다. 병거와 말이 아니라 하나님의 이름이 나를 지키는 반석이 되도록 마음의 방향을 다시 조정하는 일입니다. 그 이름 안에서 우리는 성과가 흔들려도 무너지지 않는 안전을 배우게 됩니다.

문제 제기: 내가 의지해 온 안전망을 드러내다

나는 불안할 때 무엇을 가장 먼저 붙잡았나요? 성과, 숫자, 결과 또는 타인의 평가 중에 무엇이 안심하는 기준이었을까요?

내면 탐색: 성과와 신뢰의 연결을 살피다

성과가 흔들릴 때, 내 마음에서 무엇이 크게 요동쳤나요? 그 감정은 나에게 무엇을 지키라고 말했나요?

하나님께로 전환: 참된 안전으로 옮기다

"하나님의 이름을 자랑하겠다"라는 고백을 선택한다면, 나는 무엇을 덜 증명해도 될까요? 하나님을 안전망으로 신뢰하는 삶은 내 일상에서 어떤 변화를 요청할까요?

주님, 성과로 제 삶을 지키려 했던 마음을 주님 앞에 내려놓습니다. 병거와 말이 아니라 주님 안에서 안전함을 믿게 하소서. 흔들릴 때마다 다시 주님을 의지하는 용기를 주셔서 안전한 삶으로 인도하소서.

| 말씀 되새기기 |

어떤 사람은 병거 어떤 사람은 말을 의지하나 우리는 여호와 우리 하나님의 이름을 자랑하리로다

불안이 멈추지 않는 이유

³¹그러므로 염려하여 이르기를 무엇을 먹을까 무엇을 마실까 무엇을 입을까 하지 말라 ³²이방인들은 이 모든 것을 구하나 너희 하늘 아버지께서 이 모든 것이 너희에게 있어야 할 줄을 아시느니라 ³³그런즉 너희는 먼저 그의 나라와 그의 의를 구하라 그리하면 이 모든 것을 너희에게 더하시리라 _마태복음 6:31-33

Encounter Insight

우리는 불안을 없애고 싶어 합니다. 마음이 잠잠해지기를, 걱정이 멈추기를, 생각이 더 이상 떠오르지 않기를 바랍니다. 불안을 해결하려 더 준비하고, 더 계획하고, 더 안전한 선택을 위해 애씁니다.

그렇게 애쓰는데도 불안은 쉽게 사라지지 않습니다. 오히려 형태를 바꾸어 계속 따라옵니다. 한 문제를 해결하면 다른 걱정이 고개를 들고, 한 목표를 이루면 더 큰 염려가 그 자리를 차지합니다. 불안이 멈추지 않는 까닭은 우리가 불안을 충분히 다루지 못해서가 아니라 불안이 붙잡는 질문이 아직 해결되지 않았기 때문입니다.

마태복음 6장에서 예수님은 염려의 대상을 현실적으로 나열하십니다. 무엇을 먹을지, 마실지, 입을지와 같은 삶의 가장 기본적인 문제들입니다. 예수님은 이 염려들을 가볍게 여기지 않으십니다. 다만 방향을 바꾸십니다. '무엇을'이라는 질문에서 '먼저'라는 해답으로 옮기십니다. 예수님은 준비 자체를 문제 삼지 않고, 삶의 우선순위를 문제 삼았습니다.

불안은 언제나 중심이 어긋날 때 커집니다. 삶의 중심에 하나님이 아니라 결과와 생존이 놓일 때, 우리는 스스로를 지켜야 하는 존재가 됩니다. 불안은 그래서 끈질깁니다. 내가 통제해야 할 영역이 많아질수록 불안은 더 자주 고개를 듭니다.

성경적 상담의 관점에서 보면, 불안은 약점이 아니라 신호입니다. "지금 네가 혼자 감당하려 한다"라는 알람입니다. 불안은 우리에게 더 이상 혼자 하지 말라고 말합니다. 그러나 우리는 이 신호를 종종 오해합니다. 불안을 느낄수록 더 통제하려 하고, 계획하려 하며, 완벽해지려 애씁니다. 그 결과 마음은 점점 지치고, 불안은 오히려 더 단단해집니다. 예수님은 이 악순환의 한가운데서 이렇게 말씀하십니다.

"너희 하늘 아버지께서 아신다."

이 짧은 문장은 불안의 구조를 근본부터 흔듭니다. 내가 다 알아야 한다는 부담, 준비해야 한다는 압박, 내가 놓치면 끝이라는 두려움을 내려놓게 합니다. 불안이 멈추지 않는 이유는 우리가 충분히 기도하지 않아서가 아니라 여전히 삶의 중심을 스스로 쥐고 있어서일 수 있습니다.

오늘 하나님을 다시 만나는 방법은 불안을 없애 달라고 애원하는 자리에만 머무는 것이 아닙니다. 삶의 중심을 하나님께 다시 맡기는 결단이 있어야 합니다. "먼저 그의 나라와 그의 의를 구하라"라는 말씀은, 다른 것을 포기하라는 요구가 아니라 누가 나의 삶을 책임지고 계신지를 분명하게 알라는 뜻입니다.

하나님을 내 중심 안에 모시더라도 불안이 즉시 사라지지 않을 수 있습니다. 그러나 그 불안이 더 이상 나를 지배하지는 못합니다. 그때 우리는 불안 속에서도 방향을 잃지 않는 법을 배우게 됩니다.

문제 제기: 불안의 근원을 드러내다

내 불안은 언제 가장 크게 올라오나요? 그 순간 내가 잃어버릴까 봐 두려운 것은 무엇인가요?

내면 탐색: 내가 붙잡아 온 중심을 살피다

불안할 때 나는 무엇을 더 통제하려 하나요? 계획, 성과, 관계 또는 나 자신은 아닌가요? 그 통제는 나를 잠시 안심시킬까요, 더 지치게 만들까요?

하나님께로 전환: 중심을 다시 맡기다

오늘 "너희 하늘 아버지께서 아신다"는 말씀을 믿는다면, 나는 무엇을 내려 놓아도 될까요? 불안을 하나님께 맡긴 삶은 내 하루의 리듬을 어떻게 바꾸어 놓을까요?

주님, 멈추지 않는 불안 속에서 혼자 버티려 했던 제 마음을 내려놓습니다. 제 삶의 필요를 이미 아시는 분이 주님이심을 믿고 주님 품에 안기길 원합니다. 오늘도 제 삶의 중심을 주님께 맡기며 한 걸음씩 나아가게 하소서.

| 말씀 되새기기 |

그러므로 염려하여 이르기를 무엇을 먹을까 무엇을 마실까 무엇을 입을까 하지 말라 이방인들은 이 모든 것을 구하나 너희 하늘 아버지께서 이 모든 것이 너희에게 있어야 할 줄을 아시느니라 그런즉 너희는 먼저 그의 나라와 그의 의를 구하라 그리하면 이 모든 것을 너희에게 더하시리라

 불안을 키우는
오래된 믿음들

모든 이론을 파하며 하나님 아는 것을 대적하여 높아진 것을 다 파하고 모든 생각을
사로잡아 그리스도에게 복종하게 하니 _고린도후서 10:5

(**Encounter Insight**)

불안은 어느 날 갑자기 생기지 않습니다. 불안은 오랫동안 반복해서 믿어 온 생각들이 마음속에서 자라 맺은 열매입니다. 그래서 문제를 해결해도 여전히 비슷한 불안을 반복해서 경험합니다. 문제를 해석해 온 틀이 그대로 남아 있기 때문입니다. 상황은 달라졌는데 마음은 여전히 같은 경보음을 울립니다.

우리는 불안을 흔히 감정으로만 이해합니다. 그러나 성경은 불안을 생각의 구조로 바라봅니다. 반복해서 믿어 온 말들, 무의식적으로 붙잡아 온 전제들, 스스로에게 수없이 들려주었던 해석들이 마음의 토양을 만듭니다. 그 위에서 불안은 자연스럽게 자라납니다. 그래서 어떤 불안은 상황이 안정되어도 쉽게 사라지지 않습니다. 이미 마음속에 '세상을 이렇게 보아야 안전하다'라는 믿음이 자리하기 때문입니다.

고린도후서에서 바울은 매우 분명한 언어를 사용합니다. '이론, 높아진 것, 생각'. 이것들은 감정이 아니라 믿음의 체계입니다. 하나님을 아는 지식보다 더 높아진 생각, 다시 말해 하나님 없이도 세상을 통제할 수 있다고 믿는 사고방식이 불안을 키웁니다. 우리가 붙잡아 온 많은 생각들은 사실이 아닌 두려움에서 만들어졌습니다.

예를 들면 이런 믿음들입니다.

'항상 잘해야 안전하다. 실수하면 사랑받지 못한다. 통제하지 않으면 무너진다. 결국 나를 지킬 수 있는 사람은 나 자신뿐이다.'

이 믿음들이 한때 우리를 살렸을지도 모릅니다. 상처를 피하게 했고, 성취를 이루게 했으며, 책임을 다하게 만들었습니다. 그러나 시간이 흐르면서 이 믿음들은 우리를 몰아세웠습니다. 이 믿음들은 결코 "이제 충분하다"라고 말하지 않습니다. 끝없이 더 잘하라고, 더 조심하라고, 더 붙잡으라고 요구합니다.

성경적 상담에서는 이런 믿음들을 '비합리적 신념'이라고 부릅니다. 사실이기보다 두려움에서 형성된 믿음, 복음보다 경험에서 배운 이론들입니다. 문제는 우리가 이 믿음들을 단순한 '생각'이 아니라 '사실'로 여겨 왔다는 데 있습니다. 그래서 불안이 올라올 때 우리는 질문하지 않습니다. 오히려 더 애쓰고, 더 대비합니다.

그러나 바울은 전혀 다른 길을 제시합니다. 생각을 없애려 하지 말고, 그 생각을 사로잡아 그리스도께로 가져가라고 말합니다.

오늘 하나님을 다시 만나는 방법은 불안을 느끼지 않겠다고 다짐하는 일이 아닙니다. 불안을 키워 온 오래된 믿음들을 하나씩 빛 아래로 꺼내 놓으십시오. 그리고 스스로에게 조용히 물어보십시오.

"이 믿음은 정말 하나님에게서 온 것일까? 이 생각은 나를 살리고 있을까?"

하나님은 우리가 오랫동안 붙잡아 온 것들을 정죄하지 않으십니다. 대신 더 참된 믿음으로 바꾸기를 원하십니다. 그분의 진리는 우리를 압박하지 않고 자유롭게 합니다. 생각이 그리스도께 복종할 때, 마음은 서서히 숨을 고르기 시작합니다.

문제 제기: 불안을 증폭시키는 믿음을 드러내다

불안이 올라올 때, 내 마음속에서 가장 먼저 떠오르는 생각은 무엇인가요? 그 생각은 언제부터 나를 지켜 왔나요?

내면 탐색: 믿음의 뿌리를 살피다

하나님을 신뢰하지 않아도 된다고 속삭이는 생각은 무엇인가요? 그 믿음은 나를 어디까지 데려왔고, 무엇을 요구했을까요?

하나님께로 전환: 생각을 복음에 복종시키다

나의 생각을 예수님께로 가져간다면, 하나님은 나에게 어떤 진리를 말씀해 주실까요? 오래된 신념들을 내려놓고도 나는 여전히 안전할까요?

주님, 제 마음속에 오래 자리 잡은 비합리적인 신념들을 주님 앞에 가져옵니다. 불안을 키워 온 생각들을 주님의 진리로 비추어 주시기를 원합니다. 오늘, 제 생각이 그리스도께 복종하며 참된 자유를 누리게 하소서.

| 말씀 되새기기 |

모든 이론을 파하며 하나님 아는 것을 대적하여 높아진 것을 다 파하고 모든 생각을 사로잡아 그리스도에게 복종하게 하니

두려움이 아니라 사랑과 능력으로

하나님이 우리에게 주신 것은 두려워하는 마음이 아니요 오직 능력과 사랑과 절제하는 마음이니 _디모데후서 1:7

우리는 종종 두려움이 사라지면 무엇이든 할 수 있으리라고 생각합니다. 마음이 충분히 안정되면 그때 움직여도 늦지 않다고 믿습니다. 그래서 불안이 가라앉기를 기다리고, 상황이 정리되기를 바라며, 확신에 찰 때까지 결단을 미룹니다.

그러나 상황은 늘 우리보다 먼저 움직입니다. 준비가 끝난 뒤에 선택할 수 있는 순간은 생각보다 많지 않습니다. 중요한 결정을 할 때는 대부분 두려움이 사라진 뒤가 아니라 두려운 상태에서 이루어집니다. 문제는 두려운지 아닌지가 아닙니다. 그 두려움 속에서 어떤 기준을 선택했는지입니다.

두려움이 기준이 되면 선택은 자연스럽게 방어적으로 변합니다. 잃지 않기 위한 결정, 흔들리지 않기 위한 선택, 안전을 최우선에 둔 설정 속에서 삶은 조금씩 움츠러듭니다. 그러다 보면 스스로를 지키느라 지경을 넓히지 못하는 사람이 되어 갑니다.

디모데후서에서 바울은 이 지점을 분명하게 짚습니다.

"하나님이 우리에게 주신 것은 두려워하는 마음이 아니다."

이 말씀은 우리가 두려움을 느끼지 않는다는 뜻이 아닙니다. 두려움이 우리의 주인이 아니라는 선언입니다. 하나님이 우리에게 주신 마음의 근원은 두려움이 아니라 '능력과 사랑과 절제'입니다. 여기서 능력은 더 많은 것을 성취하는 힘이 아닙니다. 하나님이 부르실 때 응답할수 있는 힘입니다.

사랑은 인정받기 위해 애쓰는 감정이 아니라 두려움에 묶이지 않고관계 안으로 들어가는 용기입니다. 절제는 자신을 억누르는 태도가 아니며, 흔들리는 감정 속에서도 방향을 잃지 않게 하는 내적 질서입니다.

성경적 상담의 관점에서 보면, 두려움은 종종 '경고'의 사인을 넘어 '지배'의 자리를 차지합니다. 처음에는 위험을 알리는 신호였지만 시간이 지나면서 자신도 모르게 삶의 기준이 됩니다. 그때 이런 물음이 생깁니다.

"이 선택이 나를 안전하게 지켜 줄까?"

반대로 하나님이 중심이 되면 질문은 달라집니다.

"이 선택은 하나님이 나를 부르신 방향과 일치할까?"

이 두 질문은 우리를 전혀 다른 삶으로 이끕니다. 첫 번째 질문은 현재를 붙잡지만, 두 번째 질문은 미래를 향해 길을 엽니다.

하나님은 우리가 두려움 없이 살기를 요구하지 않으십니다. 두려움보다 더 큰 하나님의 사랑과 능력을 붙잡고 살도록 부르십니다. 그 부르심을 따라 한 걸음 내딛을 때, 우리는 비로소 방어가 아닌 순종으로, 회피가 아닌 전진의 삶을 살게 됩니다.

오늘 하나님을 다시 만나는 방법은 두려움의 존재를 인정하되 그 위에 하나님의 부르심을 올려놓는 선택입니다. 부르심은 모든 조건이 갖추어졌을 때 들리는 음성이 아닙니다. 흔들리는 자리에도, 아직 준비되지 않은 마음에도 찾아오는 하나님의 사랑입니다.

문제 제기: 나를 움직여 온 기준을 묻다

나는 최근에 중요한 선택을 어떤 기준으로 했나요? 그 선택의 출발점은 두려움이었나요, 부르심이었나요?

내면 탐색: 두려움의 영향력을 살피다

두려움이 내 삶의 방향을 결정했던 순간들은 언제였나요? 그 선택들은 나를 보호했나요, 점점 더 작아지게 했나요?

하나님께로 전환: 부르심에 응답하다

하나님의 부르심 앞에서 나는 무엇을 내려놓고 싶나요? 두려움이 여전히 남아 있어도 순종할 작은 선택은 무엇인가요?

주님, 두려움이 제 삶의 기준이 되지 않도록 주님께 초점을 맞춥니다. 부르심의 방향을 따라 걸어갈 용기를 주소서. 능력과 사랑과 절제의 마음으로 오늘을 선택하게 하소서.

| 말씀 되새기기 |

하나님이 우리에게 주신 것은 두려워하는 마음이 아니요 오직 능력과 사랑과 절제하는 마음이니

2주차 여정을 마치며:
바뀌기 시작한 삶의 동기

2주차의 여정은 그동안 우리를 움직여 왔던 보이지 않는 힘을 알아차리는 시간이었습니다. 왜 그렇게 서둘러 왔는지, 왜 멈추면 불안했는지, 충분히 이뤘음에도 마음은 왜 쉬지 못했는지 조금 더 정직하게 우리를 들여다보았습니다. 그 질문 앞에서 스스로를 다그치기보다 잠시 멈추는 연습을 했습니다.

한 주간을 지나오면서 혹시 변화가 느껴졌다면, 그것은 이미 중요한 일이 시작되었다는 신호입니다. 선택의 순간마다 예전처럼 급하게 결론을 내리지 않고, 나는 지금 무엇에 이끌리고 있는지 한 번 더 묻게 되었다면, 삶을 움직이는 동력이 서서히 바뀌고 있다는 증거입니다. 성과를 쌓는 일보다 마음의 상태를 먼저 살피고, 불안을 없애기보다 불안이 무엇을 말하는지 귀 기울이는 일도 마찬가지입니다. 겉으로는 크게 달라지지 않아 보여도, 안에서는 분명히 다른 일이 벌어지고 있습니다.

우리는 이 시간을 통과하며 중요한 사실 하나를 배웠습니다. 우리의 문제는 열심이 부족해서가 아니고, 단순히 방향이 틀렸다는 말로도 설명되지 않는다는 사실입니다. 어쩌면 우리는 너무 오랫동안 인정받고 싶은 마음, 뒤처질까 두려워하는 감정, 안전해지고 싶다는 욕구에 이끌려 살아왔는지도 모릅니다. 그 마음들은 우리를 지금의 자리까지 오게 했습니다. 그래서 하나님은 그 동기들을 정죄하지 않으십니다. 다만 이제는 더 이상 그 동기들이 우리 삶의 주인이 되지 않기를 바라십니다.

하나님의 부르심에 따라 사는 모습은 두려움이 완전히 사라진 삶을 의미하지 않습니다. 불안이 없는 상태도 아닙니다. 두려움보다 더 깊은 기준을 붙잡는 삶이며, 불안 한가운데서도 방향을 잃지 않는 삶입니다. 하나님은 우리를 몰아붙이지 않고 다시 불러 세우며 방향을 잡아 주십니다. 그래서 이 여정은 속도가 아니라 중심의 문제입니다.

아직 마음이 완전히 정리되지 않았더라도 괜찮습니다. 동기가 모두 깨끗해지지 않아도 괜찮습니다. 중요한 사실은 이제 우리는 스스로에게 질문할 수 있게 되었다는 점입니다.

"나는 무엇에 이끌려 이 선택을 하려 했을까?"

"이 결정은 두려움에서 나왔을까, 부르심에서 나왔을까?"

이 두 질문을 할 수 있다는 자체가 이미 큰 은혜입니다. 하나님은 언제나 질문을 통해 우리의 방향을 다시 빚어 가십니다.

상처를
다시 해석하다

Wound

DAY 15 나의 상처 곁에 계신 하나님

여호와는 마음이 상한 자에게 가까이 하시고 충심으로 통회하는 자를 구원하시는 도다 _시편 34:18

우리는 상처를 '극복해야 할 문제'로 흔히 생각합니다. 빨리 정리하고, 지나가고, 더 강해져야 할 대상으로 여깁니다. 아픔을 오래 들여다보면 약하다고 느끼고, 상처를 말하면 다시 무너질 사람처럼 보기도 합니다. 그래서 우리는 상처 앞에서 서두릅니다. 이해하기보다 덮으려 하고, 느끼기보다 정리하려 합니다.

그러나 성경은 상처를 그렇게 다루지 않습니다. 시편은 "하나님은 마음이 상한 자에게 가까이하신다"라고 말합니다. 상처 난 사람은 고쳐야 할 대상이 아니라, 곁에 머물러야 할 존재라는 뜻입니다.

하나님은 우리의 상처를 멀리서 관찰만 하고계시지 않습니다. 해결된 다음에야 다가오시는 분도 아닙니다. 오히려 아직 아물지 않았고, 말로 다 설명할 수 없을 때에 먼저 거리를 좁혀 오십니다. 우리가 상처의 자리로 들어가기 전에 반드시 기억해야 할 중요한 사실은 '이 여정은 혼자 들어가는 길이 아니라는 것'입니다.

성경적 상담에서 가장 중요한 원칙 중 하나는 '안전'입니다. 안전하지 않은 상태에서 상처만 들추는 것은 치유가 아닙니다. 하나님은 "무엇이 아픈가?"를 묻기 전에 먼저 "내가 여기 있다"라고 말씀하십니다. 상처를 말할 수 있는 용기를 주시기 전에 상처를 안아 주시는 품을 보여 주시는 것입니다.

우리는 그동안 잘 버텨 왔습니다. 아프지 않기 위해 강해졌고, 다시 상처받지 않기 위해 조심스러워졌습니다. 감정을 접어 두었고, 기대를 낮추었고, 스스로를 보호하는 법을 배웠습니다. 그 선택들은 나약함이 아니라 생존의 지혜였습니다. 하나님은 그 선택들을 비난하지 않으십니다.

다만 그 방어들은 우리를 지키지 못하고 오히려 숨을 막는 일시적인 방편일 뿐입니다. 하나님은 다른 길로 이끌어 주십니다. 상처를 드러내라고 재촉하지 않으시고, 상처를 안고도 안전할 수 있는 자리로 나아오라고 초대하십니다.

오늘 하나님을 다시 만나는 방법은 상처를 모두 꺼내 놓는 결단이 아닙니다. 아직 말하지 못한 마음까지도 하나님이 아신다는 사실을 받아들이는 일입니다. 우리는 상처를 분석하기 전에, 먼저 하나님과의 거리를 확인해야 합니다. 그 거리가 충분히 가까울 때, 상처는 더 이상 우리를 삼키는 어둠이 아니라 하나님이 함께 서 계신 자리로 바뀝니다.

문제 제기: 상처 앞에서의 두려움을 드러내다

상처의 이야기를 떠올릴 때, 내 마음에서 가장 먼저 올라오는 감정은 무엇인가요? 두려움, 회피, 피로 또는는 염려인가요?

내면 탐색: 나를 지켜 온 방식들을 살피다

나는 지금까지 아프지 않기 위해 어떤 선택들을 했나요? 그 선택들은 나를 어떻게 지켜 주었고, 지금은 무엇을 어렵게 만들었나요?

하나님께로 전환: 안전한 임재로 나아가다

마음이 상한 자에게 가까이 하시는 하나님을 믿는다면, 무엇을 지금 말해야 할까요? 하나님이 가까이 계신 자리에서 한 걸음만 내딛는다면, 나는 어떤 모습일까요?

주님, 상처의 자리로 들어가기 전에 먼저 주님의 임재를 신뢰합니다. 제가 준비되지 않았을 때에도 가까이 하시는 주님을 믿습니다. 오늘은 고치려 애쓰지 않고 주님 곁에 머무르게 하소서.

| 말씀 되새기기 |

여호와는 마음이 상한 자에게 가까이 하시고 충심으로 통회하는 자를 구원하시는도다

아프지 않기 위해 만들어진 방어기제

모든 지킬 만한 것 중에 더욱 네 마음을 지키라 생명의 근원이 이에서 남이니라 _잠언 4:23

(**Encounter Insight**)

우리는 아프지 않기 위해 노력합니다. 한 번 마음이 찢어지면 더 찢어지지 않게 조심하고, 실망하지 않기 위해 기대를 낮춥니다. 그렇게 마음을 지키는 법을 익힙니다. 더 이상 상처받지 않기 위해 거리를 두고, 감정을 더디게 느끼고, 스스로에게 강해지라고 말합니다. 이런 선택들은 나약함의 표시가 아니라 다시 무너지지 않기 위한 생존의 방식이 됩니다.

잠언은 "마음을 지키라"라고 말합니다. 이 말씀은 마음을 단단히 봉인하라는 뜻이 아닙니다. 마음을 위험한 곳에 숨기라는 명령도 아닙니다. 이는 마음을 생명의 근원으로 존중하라는 의미입니다. 마음은 생명이 흐르는 곳이기에 함부로 다루지 말라는 뜻입니다.

우리는 상처 앞에서 다양한 방어기제(defense mechanism, 불안으로부터 자신을 보호하기 위해 사용하는 정신 책략)를 만들어 왔습니다. 완벽해지려는 태도, 과도한 책임감, 관계에서의 거리 두기, 감정을 농담이나 바쁨으로 덮는 습관, 도움을 요청하지 않는 자립. 이 모든 방어기제들은 연약함의 증거가 아니라, 살아남기 위한 선택입니다. 하지만 하나님은 우리의 방어기제를 꾸짖지 않으십니다. 그것이 우리를 여기까지 데려왔다는 사실을 아시기 때문입니다.

문제는 이 방어기제가 목적이 되는 데 있습니다. 마음을 지키기 위해 세운 담이 어느새 마음을 가두는 성벽이 됩니다. 아프지 않기 위해 선택한 전략들이 기쁨과 친밀함까지 함께 차단합니다. 이로써 조금 더 안전해졌을지 모르지만, 우리의 살아 있다는 감각은 점점 희미해집니다. 잠언이 말하는 '지킴'은 차단이 아니라 '분별'입니다. 무엇을 열고 무엇을 닫을지, 언제 물러서고 언제 나눌지를 하나님과 함께 선택하는 지혜입니다.

오늘 하나님을 다시 만나는 방법은 방어기제의 해체가 아니라 그것을 이해하고 초대에 응하는 것입니다.

"이 방어기제는 언제 생겼는가, 무엇을 지키려 했는가?"

이 질문 앞에서 우리는 비난하지 않고 오히려 감사할 수 있습니다. 그 방어기제 덕분에 우리가 여기까지 왔기 때문입니다. 그러나 이제 하나님은 조용히 물으십니다.

"그 방어기제가 지금도 너를 살리고 있는가?"

하나님은 마음의 문이 다시 관계와 은혜를 향해 조정되어 생명의 근원이 막히지 않기를 원하십니다.

문제 제기: 방어의 존재를 드러내다

나는 아프지 않기 위해 무엇을 자주 사용하나요? 거리 두기, 완벽함, 바쁨 또는 혼자 견디기는 아닌가요?

내면 탐색: 방어의 목적을 이해하다

이런 방어기제들은 내 삶의 어느 순간에 생겨났나요? 그때 나는 무엇으로부터 나를 지키려 했나요?

하나님께로 전환: 지킴의 방식을 다시 선택하다

"마음을 지키라"는 말씀을 하나님 안에서 듣는다면, 조금 열어도 괜찮은 영역은 무엇인가요? 하나님이 지켜 주신다는 신뢰 안에서, 한 단계 내려놓을 수 있는 방어는 무엇인가요?

주님, 저를 지켜 왔던 방어기제들을 주님 앞에 가져옵니다. 비난하지 않으시고, 사랑과 긍휼과 이해로 이끄시는 주님을 신뢰합니다. 제 마음이 다시 생명의 통로가 되도록, 지혜롭게 지켜 갈 힘을 주소서.

| 말씀 되새기기 |

모든 지킬 만한 것 중에 더욱 네 마음을 지키라 생명의 근원이 이에서 남이니라

DAY 17 상처가 관계를 설계할 때

[15]오직 사랑 안에서 참된 것을 하여 범사에 그에게까지 자랄지라 그는 머리니 곧 그리스도라 [16]그에게서 온 몸이 각 마디를 통하여 도움을 받음으로 연결되고 결합되어 각 지체의 분량대로 역사하여 그 몸을 자라게 하며 사랑 안에서 스스로 세우느니라 _에베소서 4:15-16

우리가 관계를 선택한다고 생각하지만, 가만히 돌아보면 많은 관계들이 내가 시작하기도 전에 이미 설계되었는지도 모릅니다. 과거에 상처받은 기억은 현재의 친밀도를 정하고, 조금이라도 신뢰가 떨어졌던 기억은 관계의 깊이를 낮게 설정합니다.

우리는 종종 이렇게 말합니다.

"나는 원래 이래."

그 고백 뒤에는 대개 이런 고백이 숨어 있습니다.

"다시 아프고 싶지 않아요."

상처는 관계의 문턱을 높입니다. 쉽게 마음을 열지 않게 만들고, 기대를 낮추게 합니다. 어떤 사람은 관계를 유지하기 위해 과도하게 잘하고, 어떤 사람은 더 이상 다치지 않기 위해 필요 이상으로 거리를 둡니다. 이 모든 선택은 사랑의 부재가 아니라 사랑을 지키려는 시도입니다.

문제는 그 시도를 반복하며 관계를 설정할 때입니다. 상처는 누구와 얼마나 가까워질 수 있는지, 어디까지 말해애 안전한지 미리 정해 놓습니다. 그래서 점점 상처가 허락하는 범위 안에서만 관계를 설정하게 됩니다. 그런데 에베소서는 관계의 범위를 다르게 제시합니다.

"사랑 안에서 참된 것을 하라."

이 말은 무조건 솔직해지라는 요구도, 무조건 참으라는 명령도 아닙니다. 사랑을 토대로 한 진실을 요구합니다. 상처로 만들어진 관계는 대개 한쪽으로 기울어집니다. 말하지 않음으로 안전해지려 하거나 더 많이 줌으로 버림받지 않으려 합니다.

그러나 하나님은 관계가 자라기 위해 필요한 것은 방어가 아니라 연결이라고 말씀하십니다. 각 지체가 자신의 분량대로 연결하여 역사할 때, 관계는 사랑 안에서 자라납니다.

오늘 하나님을 다시 만나는 방법은 관계를 당장 바꾸라는 요구가 아닙니다. 지금의 관계가 그렇게 만들어질 수밖에 없었던 이유를 하나님 안에서 다시 살펴보는 일입니다.

"이 거리감은 언제부터 시작되었을까?"

"이 과도한 헌신은 무엇을 지키려는 것일까?"

이 질문 앞에서 우리는 자신을 책망하지 않습니다. 오히려 그 상처에서 내가 어떤 방식으로 관계를 배워 왔는지를 바라봅니다. 하나님은 상처 없는 관계를 약속하지 않으십니다. 상처를 품고도 자라나는 관계를 약속하십니다. 그리스도 안에서 우리는 다시 연결되는 법을 배워 갈 수 있습니다.

문제 제기: 관계의 패턴을 드러내다

나와 관계 맺는 사람들과 반복되는 거리감은 무엇인가요? 어떤 경우에 내가 먼저 주거나, 먼저 물러나나요?

내면 탐색: 상처의 기원을 이해하다

나는 언제부터 이렇게 관계하는 방식을 편하게 생각하고 익숙해졌나요? 그 때 나는 어떤 상처로부터 나를 지키고자 했나요?

하나님께로 전환: 새로운 설계를 선택하다

하나님께서 관계를 다시 설계하신다면, 진실을 말해도 괜찮은 한 지점은 어디인가요? 내가 한 걸음 더 나아가 연결할 수 있는 관계는 누구인가요?

주님, 상처로 굳어진 저의 관계 방식을 주님 앞에 내어 드립니다. 머리 되신 주님 안에서, 다시 관계를 세우시는 은혜를 신뢰합니다. 사랑 안에서 진실을 배우게 하시고, 주님과의 연결 속에서 자라게 하소서.

| 말씀 되새기기 |

오직 사랑 안에서 참된 것을 하여 범사에 그에게까지 자랄지라 그는 머리니 곧 그리스도라 그에게서 온 몸이 각 마디를 통하여 도움을 받음으로 연결되고 결합되어 각 지체의 분량대로 역사하여 그 몸을 자라게 하며 사랑 안에서 스스로 세우느니라

DAY 18 관계 속에서 잃어버린 나 자신

[41] 주께서 대답하여 이르시되 마르다야 마르다야 네가 많은 일로 염려하고 근심하나 [42] 몇 가지만 하든지 혹은 한 가지만이라도 족하니라 마리아는 이 좋은 편을 택하였으니 빼앗기지 아니하리라 하시니라 _누가복음 10:41-42

Encounter Insight

관계는 우리를 살리기도 하지만, 때로는 우리 자신을 잃게도 합니다. 사랑받기 위해, 버림받지 않기 위해, 갈등을 피하기 위해 우리는 조금씩 자신을 조정합니다. 말하고 싶은 것을 삼키고, 불편한 감정을 미루며, 상대가 기대하는 역할을 먼저 수행합니다.

그러나 마음 한편에는 설명하기 어려운 공허가 남습니다.

"나는 이 관계 안에서 어디에 있고 무엇을 하고 있을까?"

이 질문은 관계를 부정하려는 시도가 아니라 나를 다시 찾고자 하는 마음의 신호입니다.

누가복음에서 마르다의 분주함은 무책임이 아니라 책임감의 표현이었고, 관계를 지키려는 방식이었습니다. 그 분주함 속에서 마르다는 주님 앞에 있는 자신의 자리를 놓쳤습니다. 하지만 예수님은 마르다의 섬김을 책망하지 않으셨습니다. 다만, 그 섬김이 마르다 자신을 지워 가고 있음을 깨닫게 하려고 멈추게 하셨습니다.

"한 가지만이라도 족하니라."

이 말씀은 덜 하라는 명령이 아닙니다. 다시 중심으로 돌아오라는 초대입니다.

상담을 하면서 자주 듣는 말이 있습니다.

"관계를 안 맺으면 불안하고, 관계를 맺으면 지칩니다."

이는 관계 속에서 나의 자리가 사라졌기 때문입니다. 우리는 사랑을 유지하기 위해 자신을 희미하게 만들고, 안전을 위해 욕구를 낮춥니다. 그러나 하나님은 관계 안에서 우리가 점점 사라지기를 원하지 않으십니다. 오히려 더 분명해지기를 원하십니다.

마리아가 택한 '좋은 편'은 게으름이나 회피가 아닙니다. 그것은 존재의 자리였습니다. 주님 앞에 있는 나, 설명하지 않아도 받아들여지는 나, 일로 증명하지 않아도 괜찮은 나의 자리입니다. 그 자리를 누구에게도 빼앗겨서는 안 됩니다. 왜냐하면 그 자리는 성과에 의해서가 아니라 우리에게 그저 주어지는 자리이기 때문입니다.

오늘 하나님을 다시 만나는 방법은 관계를 당장 재정비하라는 요구가 아닙니다. 관계 속에서 잃어버렸던 나의 자리를 주님 앞에서 회복하는 일입니다.

주님 앞에 앉아 있을 때, 우리는 다시 숨을 쉽니다. 바로 그 자리에서부터 관계는 새롭게 설계됩니다. 관계는 나를 살리며 자라나게 합니다.

문제 제기: 상실을 드러내다

나는 관계를 지키기 위해 무엇을 가장 먼저 내려놓았나요? 감정, 욕구 또는 나의 진짜 생각은 무엇인가요?

내면 탐색: 패턴을 이해하다

이 방식은 언제부터 내게 익숙해졌나요? 그때 나는 어떤 관계의 위협 앞에서 나를 보호하려 했나요?

하나님께로 전환: 존재의 자리를 회복하다

오늘 주님 앞에 앉아 회복해야 할 '나의 자리'는 어디인가요? 그 자리를 지키기 위해 선택할 수 있는 작은 행동은 무엇인가요?

주님, 이런저런 관계 속에서 잃어버렸던 제 자리를 주님 앞에서 다시 찾길 원합니다. 저를 지우지 않아도 관계를 맺게 하시는 주님을 신뢰합니다. 섬김과 책임 이전에, 주님 앞에 앉아 있는 존재로 살게 하소서.

| 말씀 되새기기 |

주께서 대답하여 이르시되 마르다야 마르다야 네가 많은 일로 염려하고 근심하나 몇 가지만 하든지 혹은 한 가지만이라도 족하니라 마리아는 이 좋은 편을 택하였으니 빼앗기지 아니하리라 하시니라

부서짐이 아니라 다시 빚어짐으로

너희는 이 세대를 본받지 말고 오직 마음을 새롭게 함으로 변화를 받아 하나님의 선하시고 기뻐하시고 온전하신 뜻이 무엇인지 분별하도록 하라 _로마서 12:2

상처는 하나의 사건으로 끝나지 않습니다. 상처는 기억으로 남고, 그 기억은 해석을 낳으며, 그 해석은 결국 믿음의 문장이 됩니다. 우리는 아픔을 겪은 뒤, 다시는 같은 고통을 반복하지 않기 위해 스스로에게 말을 건넵니다.

"나는 기대하면 안 돼."

"사람은 결국 실망을 주는 존재야."

"잘해야 사랑받을 수 있어."

이 문장들은 상처 속에서 스스로를 지키기 위해 만들어 낸 논리입니다. 그래서 우리는 이 문장들을 의심하지 않습니다. 오히려 '현실적인 생각', '경험에서 배운 교훈'이라고 생각해 마음 깊은 곳에 저장해 둡니다.

그러다 어떤 관계 앞에서, 선택의 순간에, 무슨 기대가 생기려 할 때마다 무의식적으로 이 문장들이 자동 재생됩니다. 우리는 그 말들을 사실로 여기고 그에 맞추어 삶을 조정합니다. 그렇게 상처는 지나간 사건이 아니라 현재를 규정하는 렌즈가 됩니다. 이 렌즈를 통해 세상을 볼 때, 조금은 안전할지 몰라도 자유롭지는 않습니다.

로마서에서 사도 바울은 변화의 방향을 전혀 다른 곳에 둡니다. 환경이 바뀌어서가 아니라 마음이 새로워질 때 변화가 일어난다고 말합니다. 여기서 말하는 '마음'은 세상을 해석하는 내적 구조입니다. 무엇을 당연하게 여기고, 무엇을 위험하다고 판단하며, 무엇을 믿고 움직이는지를 결정합니다. 한때는 생존의 언어였던 문장들이 어느 순간부터 삶의 가능성을 제한하는 규칙으로 굳어집니다.

성경적 상담의 관점에서 볼 때, 거짓 신념은 단순히 '틀린 생각'이 아닙니다. 그것은 상처에서 나온 결론입니다. 그래서 하나님은 우리의 생각을 무지나 불신앙으로만 다루지 않으십니다. 우리를 분별하도록 인도하십니다.

"이 생각은 어디에서 왔을까?"

"이 믿음은 나를 살리고 있을까, 멈추게 하고 있을까?"

분별은 부정이 아니라 재해석입니다. 하나님은 우리의 생각 위에 더 크고 참된 진리를 얹으십니다. 상처가 만든 문장을 지우는 것이 아니라, 그 문장이 전부가 아니라는 사실을 깨닫게 하십니다.

오늘 하나님을 다시 만나는 방법은 내 안에서 자동으로 재생되는 생각들을 조용히 들어보는 일입니다. 누군가에게 기대하려 할 때 올라오는 경계의 말, 실패를 떠올릴 때 즉각 따라오는 자기 비난의 문장입니다. 그 위에 하나님의 말씀을 겹쳐 읽어 봅니다.

"나는 혼자 견뎌야 해"라는 생각 위에 "두려워하지 말라. 내가 너와 함께함이라"를 놓아 봅니다. "나는 충분하지 않아"라는 믿음 위에 "내 은혜가 네게 족하다"를 얹어 봅니다. 그때 비로소 지금까지 나를 이끌어

온 신념이 전부가 아니었고, 하나님은 그 자리에 새로운 해석을 이미 준비하고 계셨다는 사실을 깨닫게 됩니다.

문제 제기: 자동화된 믿음을 드러내다

어떤 상황에서 나는 늘 같은 결론에 도달하나요? 그 결론은 나를 지키기 위해 만들어진 믿음은 아닐까요?

내면 탐색: 신념의 기원을 살피다

이 믿음은 언제, 어떤 상처의 순간에 형성되었나요? 그때의 나는 무엇을 가장 두려워했나요?

하나님께로 전환: 새 해석을 선택하다

오늘 하나님이 내 마음을 새롭게 하신다면, 이 믿음 위에 어떤 말씀을 올려놓게 될까요? 그 말씀을 믿으며 시도할 수 있는 작은 실천은 무엇일까요?

주님, 상처에서 나온 제 거짓 신념들을 주님 앞에 올려놓습니다. 제 마음을 새롭게 하셔서, 진리를 분별하고 변화된 결정을 내리길 원합니다. 오늘부터 상처의 언어가 아니라 주님의 말씀으로 생각하며 살게 하소서.

| 말씀 되새기기 |

너희는 이 세대를 본받지 말고 오직 마음을 새롭게 함으로 변화를 받아 하나님의 선하시고 기뻐하시고 온전하신 뜻이 무엇인지 분별하도록 하라

³내가 입을 열지 아니할 때에 종일 신음하므로 내 뼈가 쇠하였도다 ⁴주의 손이 주야로 나를 누르시오니 내 진액이 빠져서 여름 가뭄에 마름같이 되었나이다 ⁵내가 이르기를 내 허물을 여호와께 자복하리라 하고 주께 내 죄를 아뢰고 내 죄악을 숨기지 아니하였더니 곧 주께서 내 죄악을 사하셨나이다 _시편 32:3-5

Encounter Insight

침묵은 회피 행동이 아닙니다. 많은 경우 침묵은 우리 삶을 오래 버티게 한 방식이었습니다. 말하면 상황이 더 복잡해질 것 같고, 꺼내는 순간 감당할 수 없을 만큼 무너질까 두려워서 조용할 뿐이었습니다. 이미 충분히 설명했지만 이해받지 못했던 기억 때문에 입을 열지 않았습니다. 그래서 침묵은 약함의 표식이 아니라 상처를 관리하기 위한 지혜입니다.

시편 기자도 그 침묵을 알고 있었습니다. 그는 "내가 입을 열지 아니할 때에 종일 신음하므로"라고 고백합니다. 이 말은 단순히 말을 하지 않았다는 진술이 아닙니다. 침묵이 그의 하루를, 그의 몸을, 그의 내면을 어떻게 잠식했는지를 보여 줍니다.

침묵이 외부의 갈등은 잠재웠을지 모르지만 내부의 소리는 더 크게 만들었습니다. 숨긴 것은 사라지지 않았고, 말하지 않은 감정은 몸에 남아 신음이 되었습니다. 성경은 여기서 중요한 사실을 드러냅니다. 침묵은 문제를 없애지 않고, 문제를 몸과 마음 안으로 밀어 넣는 방식일 수 있다는 점입니다.

시편 32편은 침묵함으로 어떤 대가를 치렀는지를 정직하게 보여 줍니다. "내 뼈가 쇠하였다", "내 진액이 말랐다"라는 비유는 억눌린 마음이 얼마나 실제적인 소진으로 이어지는지를 드러냅니다. 하나님은 우리가 침묵을 선택한 이유를 아시기에 우리에게 물으십니다. 이 침묵이 지금도 생명을 살리는지, 아니면 생명을 말리는지를 말입니다.

성경적 상담의 관점에서 볼 때, 침묵은 흔히 통제의 마지막 보루입니다. 말하지 않음으로 상황을 관리하고, 관계를 유지하며, 더 큰 상처를 피하게 합니다. 침묵은 무기라기보다 방패입니다. 그래서 하나님은 우리의 침묵을 함부로 허물지 않으십니다. 다만, 그 방패가 어느새 숨 막히게 하는 감옥이 되었을 때, 하나님은 다른 길을 제시하십니다.

시편 32편에서 결정적인 전환은 고백의 '양'이나 '방식'에 있지 않습니다. 그것은 대상을 달리할 때 일어납니다. 사람에게 말하지 못했던 말을 하나님께 아뢰는 순간, 침묵은 다른 의미를 갖게 됩니다.

고백은 모든 것을 다 털어놓아야 하는 강요가 아니라 관계의 회복입니다. 더 이상 혼자 감당하지 않겠다는 선택이며, 하나님 앞에서 숨을 쉬겠다는 결정입니다. 그래서 시편은 '해결되었다'고 하지 않고 '사함이 있었다'고 말합니다. 문제의 즉각적인 해소보다 먼저 하나님과의 거리 회복이 일어났습니다. 하나님께로 방향을 틀었을 때 치유는 시작됩니다.

오늘 하나님을 다시 만나는 방법은 모든 이야기를 한 번에 꺼내 놓는 결단이 아닙니다. 누구에게 말할지, 언제 말할지, 어디까지 말할지를 하나님과 함께 분별하는 일입니다.

상처를 다루는 데는 속도가 아니라 안전이 가장 중요합니다. 하나님은 급하게 몰아붙이지 않으십니다. 다만 조용히 이렇게 말씀하십니다.

"나에게는 말해도 된다."

그 허락이 마음에 자리 잡을 때, 침묵은 서서히 고백으로 바뀝니다. 고백은 문제를 즉시 해결하는 열쇠라기보다 다시 숨을 쉬게 하는 은혜입니다. 그 자리에서 침묵은 새로운 회복의 문턱이 됩니다.

문제 제기: 침묵의 목적을 묻다

나는 무엇을 지키기 위해 침묵했나요? 이 침묵은 지금도 나를 살릴까요, 점점 고립시킬까요?

내면 탐색: 침묵의 비용을 살피다

말하지 않음으로 내가 감당해 온 내적 대가는 무엇이었나요? 몸의 긴장, 관계의 거리, 반복되는 신음은 무엇으로 나타났나요?

하나님께로 전환: 고백의 방향을 정하다

오늘 하나님께 '아뢰는' 고백으로 시작한다면, 지금 말해도 괜찮은 한 문장은 무엇인가요? 그 고백을 지켜 줄 안전한 자리는 어디인가요?

주님, 침묵으로 버텨 온 제 마음을 주님께 올립니다. 지금은 말해도 괜찮다는 주님의 안전한 품에서 모든 것을 털어놓습니다. 막혀 있던 삶이 고백으로 다시 숨 쉬게 하시는 은혜를 누리게 하소서.

말씀 되새기기

내가 입을 열지 아니할 때에 종일 신음하므로 내 뼈가 쇠하였도다 주의 손이 주야로 나를 누르시오니 내 진액이 빠져서 여름 가뭄에 마름같이 되었나이다 내가 이르기를 내 허물을 여호와께 자복하리라 하고 주께 내 죄를 아뢰고 내 죄악을 숨기지 아니하였더니 곧 주께서 내 죄악을 사하셨나이다

상처를 품고 살아갈 수 있을까

상심한 자들을 고치시며 그들의 상처를 싸매시는도다 _시편 147:3

Encounter Insight

치유란 상처가 사라지고, 다시 이전처럼 살아갈 상태라고 배워 왔습니다. 그래서 마음속 깊은 곳에 이런 질문이 오래 남았습니다.

"아직 아픈데, 앞으로 나아가도 될까?"

"이 상태로 다시 시작하면 무책임하지 않을까?"

이 질문은 믿음이 약해서 생기는 의심이 아닙니다. 오히려 삶을 가볍게 여기지 않고, 상처를 대충 덮고 지나가지 않으려 했던 사람들에게서 나오는 진지한 질문입니다.

시편 147편은 이 질문을 전혀 다른 방향으로 이끕니다. 상처를 즉시 제거하는 대신 '상처를 싸매시는 하나님'을 만나게 합니다. 히브리어로 '싸매다'는 말은 덮어 감추는 행위가 아니라, 상처의 상태를 살피고, 압력을 조절하며, 회복의 시간을 존중하는 돌봄을 포함합니다. 하나님은 상처의 회복을 밀어붙이지 않으십니다. 빨리 나으라고 재촉하지 않으십니다. 하나님은 상처가 남은 바로 그 자리에 오셔서, 그 상처를 삶의 한

부분으로 존중하며 다루십니다.

여기서 치유에 대한 정의가 바뀝니다. 치유는 '상처 이후의 삶'을 기다리는 일이 아니라 상처와 함께 살아가는 방식을 다시 배우는 일입니다.

성경적 상담에서도 치유는 과거를 삭제하는 작업이 아니라 현재와 미래를 과거가 지배하지 못하도록 질서를 다시 세우는 과정입니다. 상처는 여전히 존재하더라도 그 상처가 더 이상 우리의 모든 선택과 관계, 자기 평가를 결정하지 못하게 될 때, 치유는 시작됩니다.

시편은 하나님이 "상심한 자들을 고치신다"라고 말합니다. 여기서 '상심한'이라는 말은 마음이 약해졌다는 뜻이 아닙니다. 기대가 있었기에 깨진 마음, 사랑했기에 부서진 마음, 믿고 맡겼기에 상처 입은 마음을 가리킵니다. 하나님은 그런 마음이 잘못되었다고 말씀하지 않고, 오히려 그 마음을 고치겠다고 하십니다. 상처는 하나님께 나아갈 자격을 박탈하지 않습니다. 오히려 하나님이 가장 가까이 오시는 요인이 됩니다.

"상처를 품고도 앞으로 나아갈 수 있을까?"라는 질문은 "하나님과 함께라면 상처를 껴안고도 어디까지 걸을 수 있을까?"로 바뀌어야 합니다. 하나님께서 상처를 싸매는 손길 그 자체가 이미 동행의 시작입니다. 그러니 상처를 안고도 앞으로 나아갈 수 있습니다.

상처는 삶의 여정을 멈추게 하는 돌부리가 아니라 앞으로 나아가게 하는 표식입니다. 우리를 더 천천히 걷게 만들고, 더 자주 숨을 고르게 하며, 이전과는 다른 방식으로 삶을 바라보게 합니다. 하나님은 그 느려진 걸음에 속도를 맞추어 함께 걸으십니다. 치유란 다시 빨리 달리는 능력이 아니라 아픈 채로도 멈추지 않는 용기입니다.

오늘 하나님을 다시 만나는 방법은 "언제쯤 괜찮아질까?" 대신에 "이 상처를 싸매며 지금도 나와 함께하시는 하나님을 신뢰할 수 있을까?"를 묻는 일입니다. 그 질문 앞에 서는 것 자체가 이미 앞으로 나아가는 첫 걸음입니다. 상처는 여전할지라도 그 상처와 함께 걷는 방식이 달라질 때, 삶은 다시 열리기 시작합니다.

문제 제기: 치유에 대한 오래된 믿음을 묻다

나는 언제부터 '상처가 나아야 다시 시작할 수 있다'라고 믿었나요? 그 믿음은 나를 보호했을까요, 나를 멈추게 했을까요?

내면 탐색: 상처의 현재 위치를 살피다

지금 내 삶에서 이 상처는 어떤 역할을 하나요? 나를 과거에 묶어 둘까요, 더 신중하고 진실한 선택으로 이끌까요?

하나님께로 전환: 동행을 선택하다

상처를 싸매시는 하나님을 신뢰한다면, 오늘 내가 포기하지 않아도 되는 한 가지는 무엇인가요? 주님과 함께 내딛는 작은 한 걸음은 무엇인가요?

주님, 상처투성이인 저를 외면하지 않으시고 싸매시는 손길로 다가오시는 주님을 믿습니다. 저의 상심한 마음을 받으시며 함께 걸어 주시는 주님과 동행하기를 원합니다. 오늘, 이 상처를 안고도 주님과 함께 앞으로 나아가게 하소서.

| 말씀 되새기기 |

상심한 자들을 고치시며 그들의 상처를 싸매시는도다

3주차 여정을 마치며:
상처를 통과해 여기까지 왔다는 사실

3주차의 여정은 결코 가볍지 않았습니다. 우리는 그동안 애써 피해 왔던 자리, 말로 설명되지 않았던 기억, 괜찮은 척하며 지나왔던 감정의 층위를 다시 밟아야만 했습니다. 누구에게도 쉽게 드러내지 않았던 이야기, 어쩌면 하나님 앞에서조차 감추어 두었던 상처를 향해 천천히 발을 들여놓았습니다.

한 주간을 지나오면서 마음이 더 무거워졌거나 이전보다 연약해졌다고 해서 실패로 여기지 마십시오. 상처는 들여다볼수록 커 보이기 마련입니다. 빛을 받지 않았던 곳은 언제나 처음엔 더 어둡고 아파 보입니다. 그러나 그 아픔은 무너짐의 징표가 아니라 마침내 진실에 닿고 있다는 신호입니다.

우리는 한 주간 동안 중요한 사실 하나를 배웠습니다. 상처는 우리가 약해서 생긴 것이 아니라 사랑했기 때문에, 기대했기 때문에, 관계를 포기하지 않았기 때문에 생겼다는 사실입니다. 상처는 진실하게 살아왔다는 흔적이며, 하나님이 가까이 다가오시는 자리입니다.

우리는 이름 붙여지지 못한 아픔들이 어떻게 우리의 정체성과 선택을 빚어 왔는지를 보았습니다. 관계 속에서 생긴 상흔을 바라보며 왜 그렇게 경계하게 되었는지, 왜 그렇게 애써야만 사랑받는다고 느끼게 되었는지를 이해했습니다. 그 상처들이 시간이 흐르며 성격으로 굳어져 방어기제가 되었음을 알았습니다. 그 방어기제가 때로는 자신을 지켜 주기도 했지만 동시에 가두기도 했음을 정직하게 인정했습니다.

다행히도 이 여정의 끝에서 우리가 만난 것은 절망이 아니라 복음이었습니다. 하나님은 상처를 지운 뒤에 우리를 부르시는 분이 아니라 상처를 싸매며 우리와 함께 걸으시는 분이십니다.

치유는 상처가 없어지는 순간에서가 아니라, 삶의 방향을 상처와 상관없이 결정하는 순간부터 시작됩니다. 우리는 이미 그 지점에 와 있습니다. "이 상태로 앞으로 나아가도 될까요?"라고 묻더라도 그 질문 자체가 이미 변화의 증거입니다. 왜냐하면 예전의 우리는 아픔을 느낄 틈도 없이 앞만 보고 달려왔기 때문입니다.

이제 아픈 마음을 안은 채로 하나님께 물으며 나아갑시다. 그것이 바로 성숙이며 회복의 시작입니다.

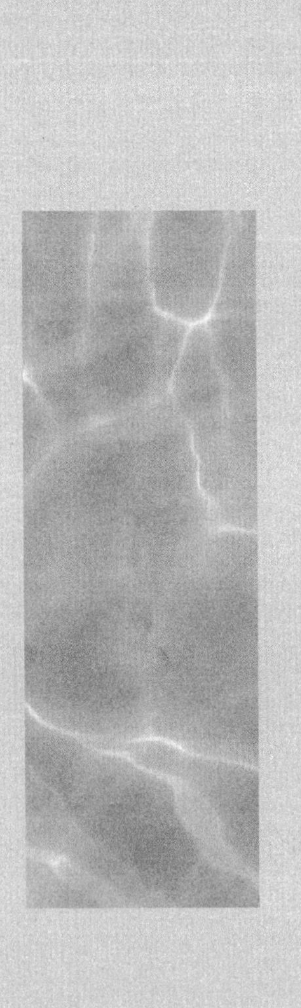

비전,
미래는 응답하는 것이다

Vision

DAY 22 상처 이후, 나아가야 할 방향

¹⁸너희는 이전 일을 기억하지 말며 옛날 일을 생각하지 말라 ¹⁹보라 내가 새 일을 행하리니 이제 나타낼 것이라 너희가 그것을 알지 못하겠느냐 반드시 내가 광야에 길을 사막에 강을 내리니 _이사야 43:18-19

상처의 자리를 지나오면 방향을 잃은 듯한 감각을 경험합니다. 아픔을 직면하고, 마음의 가장 깊은 곳까지 내려갔으나 막상 그다음에 무엇을 해야 할지는 또렷하지 않습니다. 더 이상 예전처럼 앞만 보고 달릴 수 없는데, 그렇다고 멈출 수도 없는 상태가 됩니다. 마음속에는 자연스럽게 이런 질문이 떠오릅니다.

"이제 나는 어떻게 살아야 할까?"

이 질문은 새로운 인생이 앞에 있다는 증거입니다. 아직 길은 보이지 않지만, 더 이상 이전의 방식으로는 살 수 없다는 사실만은 분명하기 때문입니다.

이사야 43장은 아무 상처도 겪지 않은 사람들에게 주어진 위로가 아닙니다. 바벨론 포로라는 깊은 상실과 좌절, 실패와 무력감의 한가운데에 서 있던 이들에게 하나님이 건네신 선언입니다. 모든 것이 무너졌다고 느끼던 자리에서, 하나님은 조용하지만 분명한 음성으로 말씀하십니다.

"이전 일을 기억하지 말라."

이 말씀은 과거를 부정하라는 명령이 아닙니다. 기억을 지우라는 요구도 아닙니다. 오히려 중심을 옮기라는 초대입니다. 상처가 있었고 되돌리고 싶은 선택도 있었지만, 그 이야기만으로 자신의 방향을 정하지 말라는 뜻입니다. 하나님은 과거를 기준으로 미래를 연장하는 분이 아니십니다. 현재의 자리에서 새 일을 시작하는 분이십니다.

"보라 내가 새 일을 행하리니"라는 말씀에서 가장 중요한 내용은 '새 일'이 아니라 '행하시는 분'입니다. 하나님은 우리에게 새 길, 새 비전을 증명하라고 하지 않으십니다. 하나님은 분명하게 "내가 행하겠다"라고 말씀하십니다. 비전은 우리가 애써 만드는 설계도가 아니라 하나님이 이미 시작하신 일에 응답하며 참여하는 삶의 방향입니다.

상담을 종결할 때 내담자들은 "이제는 예전처럼 살고 싶지 않습니다. 그런데 어떻게 살아야 할지 모르겠습니다"라고 말하곤 합니다. 이 말은 공허한 고백이 아니라, 전환의 문턱에 서 있다는 신호입니다.

이때 사람들은 두 가지 극단으로 기울어지기 쉽습니다. 하나는 다시 예전 방식으로 돌아가려는 충동이고, 다른 하나는 모든 것을 새롭게 시작해야 한다는 조급함입니다.

하나님은 이렇게 말씀하십니다.

"광야에 길을 내고, 사막에 강을 내겠다."

광야는 방향을 잃은 자리이고, 사막은 생명이 말라 버린 곳입니다. 그럼에도 하나님은 그 자리를 피하지 않으십니다. 오히려 바로 그 자리에 길과 강을 만드십니다. 상처 났던 바로 그 인생 안에서 하나님은 새로운 방향을 여십니다. 상처 이후의 삶은 이전보다 더 진실해집니다. 더 많이 증명하는 삶이 아니라, 더 깊이 응답하는 삶입니다.

오늘 하나님을 다시 만나는 방법은 미래를 완전히 이해한 후에 움직이겠다는 태도를 내려놓는 일입니다. 이해되지 않아도 함께하시는 하나님을 신뢰하며 맡기십시오. 길은 이미 준비되어 있습니다. 우리는 그 길을 하나님과 함께 걸어가는 사람으로 부름 받았습니다.

문제 제기: 방향에 대한 두려움을 묻다

상처 받은 후의 삶을 생각할 때, 나는 왜 '막막함'을 가장 먼저 느끼나요? 그 막막함은 정말 길이 없어서인가요, 내가 모든 것을 이해하고 통제하려 하기 때문인가요?

내면 탐색: 현재의 자리에서 부르심을 살피다

지금의 나는 이전과 무엇이 달라졌나요? 신중해진 마음, 깊어진 공간에서 하나님이 새 일을 시작하시는 신호가 들리나요?

하나님께로 전환:동행의 방향을 선택하다

미래의 모든 그림이 보이지 않아도, 오늘 하나님과 함께 선택할 것은 무엇일까요? 그 한 걸음을 하나님께 맡길 때 어떤 일이 기대되나요?

주님, 상처 이후의 길이 선명하지 않아도 인도하시는 하나님만을 바라봅니다. 지금 이 자리에서 새 일을 시작하시는 분이 주님이심을 믿습니다. 제가 만든 방향이 아니라, 주님이 여시는 길에 응답하며 걸어가게 하소서.

| 말씀 되새기기 |

너희는 이전 일을 기억하지 말며 옛날 일을 생각하지 말라 보라 내가 새 일을 행하리니 이제 나타낼 것이라 너희가 그것을 알지 못하겠느냐 반드시 내가 광야에 길을 사막에 강을 내리니

⁹엘리가 사무엘에게 이르되 가서 누웠다가 그를 부르시거든 너는 말하기를 여호와여 말씀하옵소서 주의 종이 듣겠나이다 하라 하니 이에 사무엘이 가서 자기 처소에 누우니라 ¹⁰여호와께서 임하여 서서 전과 같이 사무엘아 사무엘아 부르시는지라 사무엘이 이르되 말씀하옵소서 주의 종이 듣겠나이다 하니 _사무엘상 3:9-10

Encounter Insight

우리는 흔히 부르심을 인생의 어느 결정적인 순간에, 분명한 음성과 특별한 사건으로 주어지는 명확한 사명으로 생각합니다. 그래서 시간이 흐르고 삶이 복잡해질수록 이런 말을 하게 됩니다.

"나는 이미 부르심을 놓친 것 같습니다."

"예전처럼 하나님의 음성이 들리지 않습니다."

그러나 성경은 부르심을 훨씬 더 다정하고, 반복적이며, 인내 깊은 하나님의 방식으로 그려 냅니다.

사무엘상 3장에서 하나님은 사무엘을 단 한 번만 부르지 않으셨습니다. 사무엘이 그 음성을 알아듣지 못했을 때에도, 하나님은 다시 부르셨습니다. 사무엘이 자신의 경험과 이해의 한계 안에서 그 부르심을 해석하지 못했을 때에도, 하나님은 물러서지 않으셨습니다. 이 장면은 우리에게 중요한 사실을 알려 줍니다. 부르심은 우리가 준비되었을 때가 아니라 하나님이 멈추지 않으실 때 완성됩니다. 사무엘이 처음 하나님의 음성을 알아듣지 못한 이유는 영적으로 둔해서가 아니었습니다. 그는 아직 하나님의 음성을 '구분해 본 경험'이 없었습니다.

상담을 하면서 비슷한 고백을 자주 듣습니다.

"하나님이 무엇을 원하시는지 모르겠습니다."

그러나 조금 더 깊이 들여다보면, 그 말의 진짜 의미는 "이전 방식으로는 더 이상 하나님의 음성을 들을 수 없습니다"라는 의미입니다. 이것은 실패가 아니라 청취 방식이 바뀌어야 할 시점에 와 있다는 신호입니다.

상처를 통과한 사람은 이전과 같은 귀를 가지고 듣지 않습니다. 더 조심스러워지고, 더 신중해지며, 쉽게 확신하지 않습니다. 바로 그 지점에서 하나님의 부르심은 더 깊은 방식으로 들려옵니다. 사무엘이 마침내 "말씀하옵소서. 주의 종이 듣겠나이다"라고 고백했을 때, 그에게는 더 이상 주도권이 없었습니다. 그는 방향을 정해 달라고 요구하지 않았고, 결과를 보장해 달라고 요청하지 않았습니다. 다만 자신을 '듣는 존재'로 하나님 앞에 다시 세웠을 뿐입니다.

우리는 상처를 받은 이후에 이렇게 묻습니다.

"이제 무엇을 해야 합니까?"

그러나 하나님은 먼저 이렇게 물으십니다.

"너는 지금 누구의 음성에 귀를 기울이고 있느냐?"

우리가 귀 기울여야 할 것은 불안의 목소리, 과거의 평가, 스스로에게 씌운 기준이 아닙니다. 지금도 반복해서 불러 주시는 하나님의 음성입니다. 하나님은 지금도 부르고 계십니다. 사무엘이 누워 있던 자리, 아무 일도 일어나지 않는 듯 보이던 밤의 시간은 결코 공백이 아니었습니다. 그 자리는 부르심이 다시 들리는 장소였습니다. 상처 이후의 멈춤, 방향을 잃은 듯한 정체의 시간은 헛된 시간이 아니라, 귀가 다시 열리는 시간일 수 있습니다.

오늘 하나님을 다시 만나는 방법은 새로운 사명을 요구하는 일이 아닙니다. 다시 듣는 태도로 돌아가는 일입니다. "주님, 말씀하옵소서"라는 고백은 완벽한 순종의 선언이 아니라 관계를 다시 여는 문장입니다. 그 고백에서 부르심은 다시 시작됩니다.

문제 제기: 부르심에 대한 오해를 묻다

언제부터 부르심이 '분명하고 확실해야만 따를 수 있는 것'이라고 생각했나요? 그 생각은 나를 하나님께 더 가까이 이끌었을까요, 오히려 멀어지게 했을까요?

내면 탐색: 지금 내가 듣고 있는 음성을 살피다

요즘 내 선택과 감정을 크게 좌우하는 목소리는 무엇인가요? 하나님의 음성보다 더 크게 들리는 불안, 비교, 자기비난의 소리는 무엇인가요?

하나님께로 전환: 다시 듣는 존재로 서다

지금 이 자리에서 하나님께 드릴 수 있는 정직한 고백은 무엇인가요? "말씀하옵소서"라는 기도를 다시 드릴 수 있나요?

주님, 제가 방향을 정하기 전에 다시 듣는 존재로 주님 앞에 서길 소망합니다. 다시 부르시는 하나님의 음성을 듣고 내일을 향해 일어서길 원합니다. 지금도 부르시는 주님의 음성에 조용히 응답하며 매일 살아가게 하소서.

| 말씀 되새기기 |

엘리가 사무엘에게 이르되 가서 누웠다가 그를 부르시거든 너는 말하기를 여호와여 말씀하옵소서 주의 종이 듣겠나이다 하라 하니 이에 사무엘이 가서 자기 처소에 누우니라 여호와께서 임하여 서서 전과 같이 사무엘아 사무엘아 부르시는지라 사무엘이 이르되 말씀하옵소서 주의 종이 듣겠나이다 하니

나를 움직이게 하는 힘

Root Scripture

[14]그리스도의 사랑이 우리를 강권하시는도다 우리가 생각하건대 한 사람이 모든 사람을 대신하여 죽었은즉 모든 사람이 죽은 것이라 [15]그가 모든 사람을 대신하여 죽으심은 살아 있는 자들로 하여금 다시는 그들 자신을 위하여 살지 않고 오직 그들을 대신하여 죽었다가 다시 살아나신 이를 위하여 살게 하려 함이라 _고린도후서 5:14-15

Encounter Insight

우리는 하루에도 수많은 선택을 하며 살아갑니다. 모든 선택의 깊은 곳에는 하나의 질문이 있습니다.

"나는 무엇에 의해 움직이고 있을까?"

겉으로 보기에는 책임감과 성실함, 사명감처럼 보이는 동기들이 실제로는 두려움과 불안, 인정받고 싶은 마음에 의해 밀려나는 경우가 적지 않습니다. 그래서 어느 순간 스스로에게 이렇게 묻게 됩니다.

"나는 왜 이렇게까지 애쓰고 있을까?"

그 말 속에는 이미 중요한 열쇠가 담겨 있습니다. 애씀은 사랑보다 두려움에 더 가까운 힘이기 때문입니다.

고린도후서 5장에서 바울은 자신의 삶을 움직이는 힘을 분명하게 고백합니다.

"그리스도의 사랑이 우리를 강권하시는도다."

여기서 '강권하다'로 번역된 헬라어 '시네코'는 억지로 밀어붙이는 압력이 아니라, 사방에서 감싸 안아 다른 선택을 할 수 없게 만드는 힘을 뜻합니다. 이것은 명령이 아니라 포위입니다. 요구가 아니라 둘러싸인 사랑입니다. 바울의 삶을 움직인 것은 "그래야 한다"라는 의무가 아니라, "이미 사랑 받았다"라는 확신이었습니다.

성경적 상담의 관점에서 볼 때, 사람을 움직이는 동기는 크게 두 갈래로 나뉩니다. 하나는 결핍을 메우기 위한 동기이고, 다른 하나는 사랑에 대한 응답으로서의 동기입니다. 전자는 늘 긴장과 소진을 동반합니다. 충분하지 않다는 느낌, 뒤처질 수 있다는 두려움, 실수하면 모든 것을 잃는다는 불안이 그 힘의 근원이 됩니다.

반면, 후자는 쉼과 지속성을 만들어 냅니다. 이미 받은 사랑이 출발점이기 때문에 실패해도 무너지지 않고, 멈추어도 존재가 흔들리지 않습니다. 삶은 여전히 수고롭지만 그 수고가 나를 갉아먹지 않습니다.

문제는 우리가 동기를 구분하지 못한 채 산다는 데 있습니다. 겉으로는 사명을 말하지만, 속으로는 인정받고 싶어서 움직이고, 헌신을 말하지만 실제로는 버려질까 두려워 멈추지 못합니다. 그러다 보면 어느 순간 이런 고백이 올라옵니다.

"하나님을 위해 사는 것 같은데, 왜 이렇게 마음이 메마를까?"

그리스도께서 우리를 대신하여 죽으신 이유는 우리가 더 이상 자기 자신을 위하여 살지 않게 하려는 것이라고 바울은 분명히 말합니다. 이는 자기 부정을 강요하는 말이 아닙니다. 오히려 끊임없이 자신을 증명해야 하는 굴레에서 벗어나게 하는 복음입니다. 사랑받기 위해 애쓰는 삶에서 사랑에 응답하며 살아가는 삶으로의 이동입니다.

오늘 하나님을 다시 만나는 방법은 내가 선택한 힘의 정체를 솔직히 바라보는 일입니다. 무엇이 나를 일으켜 세웠는지, 무엇이 나를 멈추지 못하게 했는지, 그 힘이 지금 나를 어디로 데려가고 있는지를 점검하게 합니다.

하나님은 우리의 열심을 꾸짖지 않으십니다. 다만 그 열심의 연료가 무엇인지 물으시며 "이제는 두려움이 아니라, 사랑으로 움직여 보지 않겠느냐?"라고 말씀하십니다.

문제 제기: 나를 밀어온 힘을 묻다

지금까지 나를 가장 강하게 움직이게 했던 동기는 무엇인가요? 그 동기는 사랑이었나요, 아니면 두려움이었나요?

내면 탐색: 반복되는 패턴을 살피다

내가 쉽게 지치고 소진되는 선택들에는 어떤 공통된 감정이 숨어 있나요? 인정 욕구, 불안, 비교, 혹은 버려질까 하는 두려움은 아니었나요?

하나님께로 전환: 다시 듣는 존재로 서다

하나님께서 동기를 사랑으로 다시 빚으신다면, 나는 내려놓아야 할 것은 무엇인가요? 나는 지금까지 무엇에 응답하며 살아왔으며 앞으로 어떤 삶을 살고 싶나요?

주님, 두려움에 이끌려 움직여 온 제 삶을 주님의 사랑 앞에 내려놓습니다. 이제는 증명이 아니라 응답으로 반응하며, 하나님 중심의 선택을 하길 원합니다. 하나님의 강권하시는 사랑에 이끌려 사랑받은 자로 오늘을 살아가게 하소서.

| 말씀 되새기기 |

그리스도의 사랑이 우리를 강권하시는도다 우리가 생각하건대 한 사람이 모든 사람을 대신하여 죽었은즉 모든 사람이 죽은 것이라 그가 모든 사람을 대신하여 죽으심은 살아 있는 자들로 하여금 다시는 그들 자신을 위하여 살지 않고 오직 그들을 대신하여 죽었다가 다시 살아나신 이를 위하여 살게 하려 함이라

한 걸음이 만들어 낸 인생길

사람이 마음으로 자기의 길을 계획할지라도 그의 걸음을 인도하시는 이는 여호와시니라 _잠언 16:9

Encounter Insight

우리는 인생의 중요한 순간에 완벽한 선택으로 비전이 완성된다고 여깁니다. 그래서 준비가 덜 된 듯하면 미루고, 확신이 서지 않으면 기다립니다.

그러나 성경은 우리에게 전혀 다른 이야기를 들려줍니다. 하나님은 우리 인생을 한 번의 결정으로 움직이기보다 매일의 걸음으로 인도하신다는 사실입니다.

잠언 16장은 계획과 인도하심의 관계를 매우 현실적으로 그립니다. 사람은 마음으로 길을 계획합니다. 생각하고 계산하고, 위험을 예측하며 나름 최선을 다해 방향을 세웁니다. 그것은 잘못이 아닙니다. 그러나 그 계획이 실제 삶의 방향이 되도록 걸음을 이끄시는 분은 하나님이십니다. 여기서 중요한 단어는 '걸음'입니다. 인생은 한 번에 도약하는 비행이 아니라, 오늘을 통과하는 발걸음의 연속이기 때문입니다. 하나님은 멀리 있는 목적지보다 우리가 오늘 어디에 발을 딛고 있는지를 더 깊이 바라보십니다.

상담에서 만나는 많은 분들이 이렇게 말합니다.

"무엇을 해야 할지는 알겠는데, 너무 작아 보여서 의미가 있을지 모르겠습니다."

작은 순종을 가볍게 여기는 마음 뒤에는 두려움이 존재합니다. 이 정도로는 부족하다는 불안, 더 확실한 결과가 보장될 때 움직여야 한다는 생각입니다. 하지만 하나님은 결과를 보여 주신 뒤에 순종을 요구하지 않으십니다. 오히려 순종을 통해 길이 드러나도록 우리를 인도하십니다. 그 길은 미리 완성된 지도가 아니라 신뢰 위에 조금씩 드러나는 하나님의 흔적입니다.

이스라엘이 광야를 건널 때, 길이 처음부터 나 있지는 않았습니다. 그들에게 주어진 것은 먼 미래의 청사진이 아니라, 오늘을 살게 하는 만나였습니다. 하루치의 양식, 하루치의 인도. 오늘의 순종은 내일의 지도를 요구하지 않습니다. 그저 오늘, 하나님께서 허락하신 만큼만 신뢰로 내딛으면 됩니다. 반복된 작은 순종들이 모여, 어느 순간 되돌아보면 삶의 방향이 됩니다.

길은 처음부터 선명한 직선으로 나타나지 않습니다. 발걸음이 반복되면서 생겨납니다. 한 번의 선택으로는 길이 되지 않지만 같은 방향을 향해 내딛는 작은 선택들이 쌓일 때, 그 자리에 비로소 길이 생깁니다. 하나님은 우리가 완벽하게 준비되기를 기다리지 않으십니다. 다만 오늘의 자리에서, 주님을 신뢰하는 마음으로, 가능한 만큼 응답하기를 기다리십니다.

오늘 하나님을 다시 만나는 방법은 거대한 비전을 한 번에 붙잡으려는 마음을 내려놓고, 오늘 내 앞에 놓인 작은 순종 하나를 신뢰로 선택하는 일입니다. 그 순종은 눈에 띄지 않을 수 있고, 누구의 박수도 받지 못할지도 모릅니다.

그러나 하나님은 바로 그 작은 걸음에서 우리 삶의 방향을 빚어 가십니다. 길은 하나님께 순종하면 조용히 드러나는 은혜의 선물입니다.

문제 제기: 큰 결단에 대한 집착을 묻다

나는 언제부터 '충분히 크고 확실한 선택'만이 의미 있다고 믿었나요? 그 믿음은 나를 움직이게 했나요, 멈추게 했나요?

내면 탐색: 오늘의 순종을 살피다

지금 내 삶에서 하나님께서 요청하신 작은 순종은 무엇인가요? 그 순종을 미뤄 온 이유는 무엇이었나요?

하나님께로 전환: 걸음을 맡기다

미래의 지도가 보이지 않아도, 오늘 내딛을 수 있는 한 걸음은 무엇인가요? 우리의 길을 열어주시는 하나님께 삶의 길을 맡길 수 있나요?

주님, 큰 확신이 있어야 움직이려 했던 제 마음을 고백합니다. 오늘 내 앞에 놓인 작은 순종을 통해 길을 여시는 분이 주님이심을 믿습니다. 그 길이 어떠한지 보이지 않아도 한 걸음씩 주님과 함께 걸어가게 하소서.

| 말씀 되새기기 |

사람이 마음으로 자기의 길을 계획할지라도 그의 걸음을 인도하시는 이는 여호와시니라

지치지 않고
살아가는 방법

²⁹피곤한 자에게는 능력을 주시며 무능한 자에게는 힘을 더하시나니 ³⁰소년이라도 피곤하며 곤비하며 장정이라도 넘어지며 쓰러지되 ³¹오직 여호와를 앙망하는 자는 새 힘을 얻으리니 독수리가 날개치며 올라감 같을 것이요 달음박질하여도 곤비하지 아니하겠고 걸어가도 피곤하지 아니하리로다 _이사야 40:29-31

(**Encounter Insight**)

우리는 흔히 지치지 않으려면 더 강해져야 한다고 믿습니다. 더 단단해져야 하며, 더 효율적으로 살아야 한다고 생각합니다. 피곤함이 올라오는 순간, 자신을 다그칩니다.

"이 정도로 지치면 안 되지."

"조금만 더 버티면 괜찮아질 거야."

그러나 성경은 지치지 않는 삶을 그런 방식으로 설명하지 않습니다.

이사야 40장은 지치지 않는 사람을 말하지 않고, 지쳐도 다시 힘을 얻는 사람에 대해서 말합니다. 여기서 "새 힘을 얻는다"는 표현은 기존의 힘을 조금 더 끌어올린다는 뜻이 아닙니다. 히브리어 원어는 '교환하다'라는 의미를 담습니다. 다시 말해, 여호와를 앙망하는 사람은 자기 힘을 더 쥐어짜는 사람이 아니라, 자기 힘을 내려놓고 하나님의 힘으로 바꾸는 사람입니다. 지치지 않는 비결은 강인함이 아닌 의존의 방향성에 있습니다.

상담을 하다 보면, 쉽게 지치는 사람들의 특징이 보입니다. 그들은 오랫동안 혼자서 책임을 져왔습니다. 누구에게 기대지 않고, 도움을 요청하지 않고, 멈추는 법을 배우지 못한 채 여기까지 온 사람들입니다. 그들의 문제는 헌신이 부족해서가 아니라 늘 자기 자신을 연료로 삼아 왔다는 데 있습니다. 그런 삶은 처음엔 버틸 수 있을지 몰라도, 결국에는 반드시 소진으로 이어집니다.

이사야는 소년도 피곤하고 장정도 넘어질 수 있다고 매우 정직하게 말합니다. 넘어져도 괜찮지만, 넘어질 때 어디에서 다시 힘을 얻는지가 중요합니다. 하나님은 우리를 항상 달리게 하지 않으십니다. 걷게도 하십니다. 그 걸음이 피곤하지 않게 하십니다. 이것은 성취의 속도가 아니라, 은혜의 리듬 때문입니다.

지치지 않는 삶은 쉼 없는 직선이 아니라 오르막과 평지가 섞인 길입니다. 독수리는 계속 날갯짓을 해서 높이 오르지 않습니다. 기류를 탈 줄 알기 때문에 올라갑니다. 마찬가지로 여호와를 앙망하는 삶은 스스로를 몰아붙이는 삶이 아닙니다. 하나님의 임재라는 기류를 타는 삶입니다. 그 기류 안에 있을 때, 우리는 더 멀리 가면서도 덜 소진됩니다.

오늘 하나님을 다시 만나는 방법은 "어떻게 하면 더 오래 버틸 수 있을까?"를 묻는 대신, "나는 지금 누구의 힘으로 걷고 있는가?"를 묻는 일입니다. 지치지 않고 가는 법은 더 많은 결심이 아니라, 더 깊은 신뢰에서 시작됩니다. 하나님께서는 오늘도 우리를 이렇게 부르십니다.

"네 힘을 내려놓고, 나를 앙망하라."

문제 제기: 지침에 대한 오해를 묻다

나는 언제부터 '지치면 안 된다'라는 기준으로 나 자신을 판단해 왔나요? 피곤함을 느낄 때, 그것을 연약함으로 정죄하지는 않았나요?

내면 탐색: 현재의 에너지 흐름을 살피다

지금 내 삶에서 가장 많은 에너지를 소모시키는 관계나 역할은 무엇인가요? 나는 그 자리를 하나님께 맡기지 않고, 여전히 혼자 책임지고 있지는 않았나요?

하나님께로 전환: 힘의 근원을 바꾸다

오늘 하나님께서 내게 내려놓으라고 하시는 '내 힘'은 무엇인가요? 여호와를 앙망하는 삶을 실천하기 위해, 오늘 한 가지 바꿀 수 있는 것은 무엇인가요?

주님, 제 힘으로 끝까지 가려 했던 삶을 내려놓습니다. 지칠 때마다 새 힘을 주시는 분이 주님이심을 믿습니다. 오늘도 제 삶을 주님의 손에 맡기며 걸어가게 하소서.

| 말씀 되새기기 |

피곤한 자에게는 능력을 주시며 무능한 자에게는 힘을 더하시나니 소년이라도 피곤하며 곤비하며 장정이라도 넘어지며 쓰러지되 오직 여호와를 앙망하는 자는 새 힘을 얻으리니 독수리가 날개치며 올라감 같을 것이요 달음박질하여도 곤비하지 아니하겠고 걸어가도 피곤하지 아니하리로다

내가 걸어온 길을 받아들이다

[23]여호와께서 사람의 걸음을 정하시고 그의 길을 기뻐하시나니 [24]그는 넘어지나 아주 엎드러지지 아니함은 여호와께서 그의 손으로 붙드심이로다 _시편 37:23-24

Encounter Insight

여정의 끝자락에 이르면 자연스럽게 뒤를 돌아봅니다.

"여기까지 나는 잘 걸어온 것일까?"

이 질문에는 감사와 후회가 섞여 있습니다. 어떤 장면은 뿌듯하고, 어떤 장면은 여전히 마음을 무겁게 합니다. 더 잘할 수 있었던 선택, 다른 길로 갈 수도 있었던 순간, 그때는 몰랐지만 지금 돌아보면 아쉬움으로 남는 장면들입니다.

우리는 과거를 이렇게 정리합니다. 잘한 것과 잘못한 것, 성공과 실패. 그 평가표 위에서 스스로를 판단합니다.

그러나 시편 37편은 우리의 여정을 전혀 다른 언어로 해석합니다.

"여호와께서 사람의 걸음을 정하시고 그의 길을 기뻐하시나니."

이 말씀은 인간의 인생을 성취의 목록으로 보지 않고, 하나님과 함께 걸어온 관계의 역사로 바라봅니다. 여기서 중요한 단어는 '기뻐하시나니'입니다. 하나님은 우리가 항상 옳은 선택을 했기 때문에 기뻐하시는 분이 아닙니다.

시편은 곧바로 "그는 넘어지나"라고 말합니다. 즉, 넘어지는 장면조차 하나님이 이미 아신다는 뜻입니다. 성경은 우리의 삶을 미화하지 않습니다. 넘어짐을 없던 일로 만들지도 않습니다. 다만 한 가지를 분명히 합니다.

"아주 엎드러지지 아니함은 여호와께서 그의 손으로 붙드심이로다."

이 문장은 신앙의 가장 깊은 위로를 담고 있습니다. 우리의 삶이 여기까지 온 이유는 우리가 잘 버텨 냈기 때문이 아니라 붙들림을 받았기 때문이라는 선언입니다.

상담할 때 많은 이들이 가장 힘들어하는 지점은 과거입니다.

"그때의 선택이 지금의 나를 망친 것 같습니다."

그러나 성경적 상담은 질문을 바꿉니다.

"그 선택 속에서 하나님은 어디에 계셨을까요?"

시편 37편은 그 질문에 "손으로 붙드셨다"라고 담담하게 대답합니다. 붙드셨다는 말은 방향을 억지로 통제하셨다는 뜻이 아니라 완전히 무너지지 않도록 지켜 주셨다는 의미입니다.

우리는 넘어질 수 있습니다. 길을 돌아왔을 수도 있고, 멈춰 선 시간도 있었을 것입니다. 그러나 '아주 엎드러지지 않았다'라는 사실은, 그 모든 순간에 하나님의 손이 우리 삶의 바닥을 받치고 있었다는 증거입니다.

오늘 하나님을 다시 만나는 방법은 "내가 왜 이렇게 살았을까?"라는 질문에서 "이 길에서도 하나님이 나를 붙드셨구나!"라는 고백으로 이동하는 일입니다. 이 고백이 가능해질 때, 우리는 비로소 과거와 화해할 수 있습니다. 과거를 미화하지도, 스스로를 용서하라는 자기암시로 덮지도 않습니다. 다만 이렇게 말할 수 있게 됩니다.

"주님, 이 길도 은혜였습니다."

문제 제기: 삶의 모든 순간에 함께하신 하나님

나는 과거의 어떤 장면을 아직도 '실패'라는 이름으로 붙잡고 있나요? 그 장면을 떠올릴 때, 하나님은 어디에 계셨을까요?

내면 탐색: 가장 힘들었던 순간

넘어졌지만 아주 엎드러지지 않았던 순간은 언제였나요? 그때 나를 붙들어 주었던 손길은 무엇이었나요?

하나님께로 전환: 걸음을 맡기다

하나님이 내 삶의 여정을 다시 읽어 주신다면, 어떤 문장에 은혜의 밑줄을 그으실까요? 과거를 내려놓고 내일을 신뢰하기 위해, 오늘 하나님께 드리고 싶은 고백은 무엇인가요?

주님, 제가 걸어온 길을 주님의 눈으로 다시 보길 원합니다. 넘어짐 속에서도 붙드셨던 손길을 기억하고, 은혜 위에 내일의 걸음을 맡깁니다. 지금까지 걸어온 나의 모든 길을 감사함으로 받아들이게 하소서.

| 말씀 되새기기 |

여호와께서 사람의 걸음을 정하시고 그의 길을 기뻐하시나니 그는 넘어지나 아주 엎드러지지 아니함은 여호와께서 그의 손으로 붙드심이로다

이제 나는 어떻게 살 것인가

사람아 주께서 선한 것이 무엇임을 네게 보이셨나니 여호와께서 네게 구하시는 것은 오직 정의를 행하며 인자를 사랑하며 겸손하게 네 하나님과 함께 행하는 것이 아니냐_미가 6:8

Encounter Insight

28일의 여정 끝에서 우리는 자연스럽게 이 질문 앞에 서게 됩니다.

"이제 나는 어떻게 살아야 합니까?"

이 질문은 너무도 인간적입니다. 우리는 늘 다음 단계를 묻는 법에 익숙해져 있고, 신앙마저도 또 하나의 과제처럼 받아들이며 살아왔기 때문입니다. 무엇을 더 결단할지, 무엇을 더 실천할지, 이제는 어떤 모습으로 살지 알고 싶어 합니다.

미가서 6장에서 하나님이 들려주시는 대답은 놀라울 만큼 조용하고 단순합니다. 하나님은 새로운 사명을 더하지 않으십니다. 더 높은 기준을 제시하지도 않으십니다. 다만 이렇게 말씀하십니다.

"이미 보여 주었다."

이 말은 우리가 아직 충분히 알지 못해서 길을 잃은 것이 아니라는 뜻입니다. 더 많이 알아야 함도 아니고, 더 잘해야 가치가 생기기 때문도 아닙니다. 하나님은 이미 보여 주신 삶의 방향 안으로, 다시 걸어 들어오라고 초대하십니다. 이 초대는 부담이 아니라 회복입니다.

미가서의 말씀은 신앙을 '성과의 목록'에서 '관계의 방식'으로 되돌려 놓습니다. 정의를 행하라는 말은 세상을 바꾸라는 거창한 명령이 아닌 오늘 내가 서 있는 자리에서 정직하게 살라는 부르심입니다.

인자를 사랑하라는 말은 계산 없이 관계를 대하는 마음을 잃지 말라는 초대입니다. "겸손하게 네 하나님과 함께 행하라"라는 말씀은 이 모든 삶의 방식이 혼자 버텨 내는 인생이 아니라, 하나님과 보조를 맞추어 걷는 삶이어야 함을 분명히 합니다.

여기서 '겸손'은 자신을 작게 만드는 태도가 아닙니다. 겸손은 삶의 중심을 다시 하나님께 내어 드리는 태도입니다. 앞서가려 하지 않고, 뒤처질까 두려워 서두르지도 않으며, 하나님이 걷고 계신 속도에 자신의 걸음을 맞추는 선택입니다.

하나님은 우리에게 "함께 행하자"고 말씀하십니다. 이 '함께'라는 말 안에는 넘어질 때 다시 일으키시는 은혜가 있고, 길을 잃었을 때 다시 방향을 잡아 주시는 신실하심이 담겨 있습니다.

28일간의 묵상의 여정은 인생의 속도를 다시 맞추는 자리였습니다. 더 빨리 가려는 마음, 뒤처질까 두려운 마음, 멈추면 무너질 것 같은 마음을 내려놓고, 하나님과 나란히 걷는 속도로 삶을 다시 조율하는 시간입니다. 그래서 오늘의 질문은 "이제 얼마나 잘 살 것인가"가 아니라, "이제 누구와 함께 살 것인가"입니다.

우리는 이 28일의 여정 동안 중심의 이동을 경험해 왔습니다. 성취에서 존재로, 불안에서 신뢰로, 상처에서 은혜로, 그리고 비전에서 동행으로 옮겨 왔습니다.

마지막 날에 하나님은 우리에게 "앞으로 무엇을 이룰 것이냐"라는 말

대신 이렇게 물으십니다.

"이제 나와 함께 걷겠느냐."

그 질문 앞에서 우리는 완벽한 계획을 내놓지 않아도 됩니다. 분명한 각오를 증명하지 않아도 됩니다. 다만 이렇게 고백하면 충분합니다.

"주님, 오늘도 주님과 함께 걷겠습니다."

문제 제기: 삶의 중심을 점검하다

그동안 '하나님과 함께 걷는 삶'보다 '잘 살아 보이는 삶'을 더 추구해 오지는 않았나요? 내 삶의 기준은 언제부터 결과와 평가에 더 많이 묶여 있었나요?

내면 탐색: 변화의 흔적을 발견하다

정의, 인자, 겸손이라는 삶의 방식 중 지금 내 삶에서 가장 멀게 느껴지는 것은 무엇인가요? 그 이유는 능력의 부족일까요, 중심의 혼란일까요?

하나님께로 전환: 동행으로 응답하다

하나님과 보조를 맞춘다면, 조율해야 할 속도와 붙잡아야 할 방향은 무엇인가요? '함께 행하는 삶'을 위해 오늘 하나님께 드리고 싶은 고백은 무엇인가요?

주님, 무엇을 더 증명하려 애쓰던 삶에서 벗어나 주님의 속도를 따르겠습니다. 정의와 인자와 겸손이 제 노력의 결과가 아니라 주님과 동행하는 삶의 열매가 되길 원합니다. 오늘은 주님과 함께 걷는 길을 선택하게 하소서.

| 말씀 되새기기 |

사람아 주께서 선한 것이 무엇임을 네게 보이셨나니 여호와께서 네게 구하시는 것은 오직 정의를 행하며 인자를 사랑하며 겸손하게 네 하나님과 함께 행하는 것이 아니냐

다시 중심에 서서, 삶으로 돌아가다

28일의 시간이 흘렀습니다. 빠르지도, 분주하지도 않았던 이 여정에서 오히려 우리는 멈추는 법을 배웠고, 다시 묻는 법을 연습했습니다.

처음 이 길에 들어설 때 우리의 마음은 흔들리고 있었습니다. 정확히 설명할 수 없는 원인 모를 불안이 있었고, 겉으로는 잘 살고 있는데도 평안하지 않다는 사실이 우리를 이 자리로 이끌었습니다.

우리는 이렇게 물었습니다.

"무엇이 잘못되었을까?"

그러나 시간이 지나며 질문은 조용히 방향을 바꾸었습니다.

"무엇이 중심이었을까?"

이 질문의 변화 자체가 이미 회복의 시작이었습니다.

1주차에서 우리는 '정체성'을 다시 바라보았습니다. 무엇을 이루었는가보다 누구로 살아왔는가를 물었습니다. 성취와 역할은 나를 설명하는 언어였지만, 나를 지켜 주는 중심은 아니었음을 서서히 깨닫기 시작했습니다. 흔들림은 약함의 증거가 아니라 방향을 알리는 신호였고,

하나님은 그 흔들림 속에서 우리를 외면하지 않고 다시 부르고 계셨다는 사실을 알게 되었습니다. 그때부터 마음의 중심은 아주 천천히, 그러나 분명하게 이동하기 시작했습니다.

2주차에서 우리는 '동기'를 들여다보았습니다. 왜 여기까지 오게 되었는지를 실패와 후회의 언어가 아니라 이해의 언어로 다시 읽어 내려 갔습니다. 비교와 인정 욕구, 두려움과 불안이 우리를 이끌어 온 힘이 었을지라도, 하나님은 그 모든 경로를 낭비하지 않으셨다는 사실을 배 웠습니다. 경력도, 돌아온 길도, 지연된 시간도 하나님의 손 안에서는 여전히 이야기로 남아 있었습니다. 우리는 과거를 미화하지도 저주하 지도 않는 법을 배워 왔습니다.

3주차에서 우리는 우리 안에 웅크리고 있던 '상처'를 바라보았습니 다. 말로 남은 흔적, 관계 속에 생긴 상흔, 아프지 않기 위해 만들어 온 방어들, 어느새 성격처럼 굳어 버린 태도들까지 정직하게 마주했습니 다. 우리는 상처를 지우려 하지 않았고, 서둘러 극복려고 하지도 않았 습니다.

대신 그 상처가 우리를 어디까지 지켜 주었는지, 이제는 무엇을 내려 놓아도 되는지를 하나님 앞에서 다시 물었습니다. 상처는 부끄러움이 아니라 진실의 흔적이었고, 연약함은 하나님의 은혜가 스며드는 자리 임을 우리는 말씀 안에서 다시 확인했습니다.

4주차에 와서 우리는 '미래'를 바라보았습니다. 그러나 미래를 만들 어 내기 위해 애쓰지 않았습니다. 비전은 계획이 아니라 응답이라는 사 실을 하나님은 다시 가르쳐 주셨습니다. 두려움 없는 미래의 비결은 준

비된 능력이 아니라 동행의 약속이었고, 비전은 더 빨리 가는 길이 아
니라 하나님의 리듬으로 걷는 삶임을 배웠습니다. 작은 순종이 길을 만
들고, 쉼이 방향을 지키며, 오늘의 선택이 내일을 써 내려간다는 사실
이 마음 깊이 새겨졌습니다.

이제 여정은 끝났지만, 삶은 계속됩니다. 이 책을 덮는 순간 우리는
다시 일상으로 돌아갑니다. 해야 할 일들이 있고, 책임은 여전히 우리
를 기다리며, 세상은 변함없이 빠른 속도로 움직입니다. 그러나 이전과
는 다릅니다. 우리는 이제 알고 있습니다. 다시 흔들릴 때 돌아올 중심
이 어디인지, 넘어질 때 나를 붙드는 손이 누구인지, 삶을 다시 설명할
언어가 무엇인지 말입니다.

이 여정의 목표는 완벽한 사람이 아니었습니다. 더 강해지거나 더 단
단해짐도 아니었습니다. 그저 하나님 앞에서 솔직해지고, 중심을 다시
세우며, 하나님의 임재 안에서 살아가는 법을 배우는 일이었습니다. 그
것은 한 번의 결단으로 끝나는 일이 아니라 앞으로도 반복해서 선택해
야 할 삶의 방식입니다.

다시 불안해지는 날이 오거든, 이 시간을 떠올려 마음을 들여다보십
시오. 흔들렸던 마음이 처음으로 멈춰 섰던 날을, 하나님이 중심을 보
신다는 말씀이 가슴에 닿았던 순간을, 상처를 숨기지 않고 은혜로 바라
보게 되었던 그 조용한 용기를 기억하십시오. 그리고 다시 한 걸음 내
딛으십시오. 서두르지 말고, 비교하지 말고, 혼자 가지도 말고, 그분과
함께 다시 중심에 서야 합니다.

28일 이후를 위한
'계속 걷는 삶'의 규칙들

하나님의 임재 안에서 살아가기 위한 작은 약속들은 28일의 여정이 끝난 뒤에도 계속 이어집니다. 우리는 다시 일상으로 돌아가 여전히 일하고, 관계 맺고, 선택해야 합니다. 이때 28일 동안 배운 것들이 자동으로 유지되지는 않습니다. 그렇다고 사라지지도 않습니다. 필요한 것은 더 큰 결심이 아니라, 지속 가능한 리듬입니다.

아래의 규칙들은 당신을 더 잘하게 만들기 위한 기준이 아니라, 삶의 중심이 흔들릴 때 다시 맞추기 위한 기준점입니다. 모두 실행하기가 부담된다면 몇 가지 줄이거나 상황에 따라 조정해도 괜찮습니다. 기억하십시오. 완벽함이 아니라, 돌아올 수 있음이 중요합니다.

1. 하루의 시작: 중심을 다시 맞추는 기도

아침에 눈을 뜨면 먼저 이렇게 고백합니다.

"주님, 오늘도 제가 아니라 주님이 제 중심이 되게 하소서."

이 기도는 하루를 하나님께 맡기는 연습입니다. 길고 잘 정리된 기도가 아니어도 괜찮습니다. 이 고백이 오늘의 방향을 조용히 정합니다.

2. 하루의 중간: 불안을 만났을 때의 멈춤

불안이 올라올 때, 즉시 해결하려 들지 말고 먼저 멈춥니다. 그리고 마음속으로 이렇게 말합니다.

"지금 나는 다시 중심을 확인해야 할 순간에 있다."

이 멈춤은 회피가 아니라 재정렬입니다. 불안을 없애기 전에 하나님 앞으로 데려오는 연습입니다.

3. 하루의 끝: 해석을 하나님께 맡기는 감사 기록

하루를 마치며, 성과를 평가하기보다 하나님의 흔적을 기록합니다. 오늘 내가 얼마나 잘했는지가 아니라 오늘 하나님이 함께하셨던 장면 한 가지를 적어 봅니다. 작은 친절, 한 번의 멈춤, 흔들렸지만 다시 돌아온 순간. 이 기록은 삶을 은혜의 이야기로 다시 읽는 훈련입니다.

4. 주간 리듬: 쉼을 신뢰의 행위로 지키기

일주일에 한 번, 의도적으로 쉼을 선택합니다. 쉼을 보상의 개념이 아니라, 믿음의 표현으로 받아들입니다. 아무것도 하지 않아도 나는 여전히 하나님의 형상이라는 사실을 몸으로 기억하는 시간입니다.

5. 관계의 규칙: 증명보다 진실을 선택하기

관계 속에서 인정받기 위해 애쓰기보다 진실하게 말하는 용기를 선택합니다. 완벽한 사람으로 보이기보다 과정 중에 있는 사람으로 서기를 선택합니다. 이 선택은 관계를 망치는 위험이 아니라 관계를 지키는 가장 안전한 방식입니다.

6. 선택의 기준: 결과보다 동행을 묻기

결정을 앞두었다면 이렇게 묻습니다.

"이 선택이 나를 하나님께 더 가까이 데려갈까, 나를 다시 증명하게 만들까?"

그 답이 늘 분명하지 않을 수 있습니다. 그러나 이 질문은 선택의 중심을 이동시킵니다.

7. 흔들릴 때의 약속: 다시 돌아오기

다시 옛 방식으로 돌아간 자신을 발견해도 자책하지 않습니다. 다만 이렇게 고백합니다.

"주님, 제가 다시 돌아왔습니다."

이 고백은 실패의 인정이 아니라, 관계의 회복입니다. 돌아올 수 있다는 사실 자체가 이미 신앙의 힘입니다.

이 규칙들은 당신의 삶을 통제하지 않습니다. 오히려 다시 하나님의 임재 안으로 들어올 수 있도록 문을 열어 둡니다. 삶은 변할 것이며, 이 규칙들 역시 조정되어야 할 것입니다. 그러나 이것만은 변하지 않습니다. 당신은 혼자가 아니며, 하나님이 이미 당신의 삶 안에서 일하고 계신다는 사실 말입니다. 이제 다시 길 위로 나아가십시오. 더 빨리 가기보다 더 깊이 걸으십시오. 더 많이 증명하기보다 더 자주 돌아오십시오.

그리고 언젠가 이 규칙들이 필요 없게 느껴질 만큼, 하나님의 임재가 당신의 삶에서 자연스러운 호흡이 되기를 기도합니다. 주님과 함께 계속 걷는 삶을 축복합니다.

다시 중심에 서서,
계속 걸어가는 삶을 위하여

28일이라는 시간 동안 우리는 빠르게 답을 찾지 않고 천천히 자신을 바라보는 연습을 했습니다. 흔들리는 마음을 억누르기보다 그 흔들림이 무엇을 말하고 있는지 귀 기울였고, 성취로 자신을 증명하기보다 존재로 다시 서는 길을 배웠으며, 두려움이 이끌던 삶에서 부르심이 부르는 방향으로 한 걸음씩 방향을 틀어 보았습니다.

여정을 마친 지금, 마음이 완전히 평안해졌다고는 말할 수 없을지도 모릅니다. 여전히 해결되지 않은 문제들이 있고, 관계의 긴장이 남아 있으며, 미래에 대한 불확실성도 사라지지 않았을 수 있습니다. 그러나 한 가지 분명한 변화는 예전과 같은 방식으로 불안을 대하지 않게 되었다는 사실입니다.

불안이 몰려올 때 스스로를 다그치기보다 "내 중심이 지금 어디에 놓여 있을까?"를 다시 묻게 되었고, 흔들릴 때마다 자신을 비난하는 대신 하나님께로 방향을 돌리는 법을 배우게 되었습니다. 이 책이 말하고자

한 핵심은 단순합니다. 중심을 옮겨 놓는 일은 헌 번으로 끝나지 않고, 삶 속에서 반복해야 하는 거룩한 습관입니다.

우리는 다시 흔들릴 것이고, 또다시 속도를 잃을 것이며, 때로는 옛 방식으로 돌아가고 싶은 유혹을 느낄 것입니다. 그러나 이제 우리는 알고 있습니다. 넘어졌다고 해서 여정이 끝나는 것이 아니라는 것, 잠시 길을 잃었다고 해서 하나님이 우리를 놓으신 것이 아니라는 것을 말입니다.

"그는 넘어지나 아주 엎드러지지 아니함은 여호와께서 그의 손으로 붙드심이로다."

이 약속은 오늘도 여전히 유효합니다. 하나님과 함께 걷는 삶은 대개 조용합니다. 눈에 띄는 성공보다 보이지 않는 선택들로 채워지고, 큰 결단보다 작은 순종으로 길이 내어어집니다.

속도를 조절하는 일, 쉼을 허락하는 일, 진실한 감정을 하나님 앞에 가져가는 일, 그리고 다시 중심으로 돌아오는 일의 반복 속에서 삶은 서서히 정렬됩니다.

비전은 어느 날 갑자기 완성된 그림으로 주어지기보다 성실한 하루하루 속에서 응답으로 드러납니다. 이제 이 책은 당신의 손을 떠나지만, 이 여정은 계속됩니다. 다시 바쁠 것이고, 다시 흔들릴 것이며, 다시 질문 앞에 서게 될 것입니다. 그때마다 이 한 가지를 기억해 주십시오. 당신은 이미 충분히 사랑받는 존재이며, 하나님은 여전히 당신의 걸음을 기뻐하고 계신다는 사실 말입니다.

삶이 요구하는 기준보다 하나님의 임재가 당신의 기준이 되기를 바랍니다. 이 책이 당신의 인생을 바꾸었다고 말하지 않아도 괜찮습니다. 다만 이 책을 통해 조금 더 자신에게 정직해졌고, 조금 더 하나님께 가까이 서게 되었으며, 조금 더 쉼과 용기를 품게 되었다면 그것으로 충분합니다.

다시 중심에 서는 삶은 완벽해지는 삶이 아니라 붙들리는 삶입니다. 오늘도, 내일도, 그리고 그 이후의 모든 날에도 우리의 중심에서 하나님은 조용히 그러나 분명히 함께 걸어가고 계십니다.

국제제자훈련원은 건강한 교회를 꿈꾸는 목회의 동반자로서 제자 삼는 사역을 중심으로 성경적 목회 모델을 제시함으로 세계 교회를 섬기는 전문 사역 기관입니다.

묵상에세이

마음이
흔들릴
때

초판 1쇄 인쇄 2026년 3월 9일
초판 1쇄 발행 2026년 3월 16일

지은이 강명옥

펴낸이 오정현
펴낸곳 국제제자훈련원
등록번호 제2013-000170호(2013년 9월 25일)
주소 서울시 서초구 효령로68길 98(서초동)
전화 02)3489-4300 **팩스** 02)3489-4329
이메일 dmipress@sarang.org

ISBN 978-89-5731-968-0 04230